# 50 GRANDES IDEAS E INVENTOS
## DE LEONARDO DA VINCI

GUÍA BREVE

# 50 GRANDES IDEAS E INVENTOS
## DE LEONARDO DA VINCI

Colaboradores
**Francis Ames-Lewis**
**Juliana Barone**
**Paul Calter**
**Brian Clegg**
**Matthew Landrus**
**Domenico Laurenza**
**Marina Wallace**

**BLUME**

**Marina Wallace (ed.)**

BLUME

Título original:
*30-Second Leonardo Da Vinci*

Texto de glosarios y perfiles:
François Gaignet

Ilustraciones:
Ivan Hissey

Diseño:
Ginny Zeal

Traducción:
Dr. Ing. Alfonso Rodríguez Arias

Coordinación de la edición
en lengua española:
Cristina Rodríguez Fischer

*Primera edición en lengua española 2014*


Av. Mare de Déu de Lorda, 20
08034 Barcelona
Tel. 93 205 40 00 Fax 93 205 14 41
e-mail: info@blume.net


I.S.B.N.: 978-84-9801-757-1

Impreso en China



www.blume.net

Preservamos el medio ambiente. El papel de las páginas de este libro está manufacturado con materia prima procedente de bosques de gestión responsable. En la producción de nuestros libros procuramos, con el máximo empeño, cumplir con los requisitos medioambientales que promueven la conservación y el uso responsable de los bosques, en especial de los bosques primarios. Asimismo, en nuestra preocupación por el planeta, intentamos emplear al máximo materiales reciclados, y solicitamos a nuestros proveedores que usen materiales de manufactura cuya fabricación esté libre de cloro elemental (ECF) o de metales pesados, entre otros.

# CONTENIDO

# PRÓLOGO

Martin Kemp

Leonardo fue rotundamente crítico con los «abreviadores», aquellos que intentan hallar atajos en la búsqueda del conocimiento. Sin embargo, en el presente libro se debe abreviar por necesidad: ante la enorme magnitud del material maravilloso y, en ocasiones, sumamente difícil que constituye su legado, se impone cierta labor de resumen y síntesis. Sería muy fácil perderse en su diversidad. Son muchos los especialistas que han estudiado las diferentes facetas de Leonardo como artista y teórico, arquitecto, escenógrafo, ingeniero, anatomista, matemático, físico, geógrafo, geólogo y muchas cosas más. No obstante, como destaca Marina Wallace, tras semejante diversidad de intereses existe un mismo denominador común: en todos ellos apostó por un enfoque basado en la «ciencia» que diera validez a sus actividades intelectuales y prácticas. «Ciencia», desde este punto de vista, significa un conjunto sistemático de conocimientos confirmados por la «experiencia», es decir, extraídos del orden divino de la naturaleza.

Las actividades manules, consideradas hasta entonces como oficios (que incluían la pintura), fueron revestidas en el Renacimiento con sus propios marcos teóricos, y en ese sentido Leonardo fue todo un pionero en la promoción de las «ciencias» que combinan las matemáticas abstractas y la realidad material de los inventos. En todo lo que hacía, reproducía la naturaleza con su manera característica, pero siempre sobre la base de la ley natural.

**Retrato de un hombre en tiza roja**
*Aunque no se tenga la certeza de que este sea un autorretrato de Leonardo, lo cierto es que reúne las características fundamentales del genial artista italiano.*

Animamos al lector a participar de ese denominador común leyendo el libro de un modo no lineal. Leonardo fue el máximo exponente del pensamiento lateral entre los pensadores laterales: al reflexionar sobre la geometría, pensaría, por asociación de ideas, en el movimiento del agua; pensando en esto, lo haría en el pelo rizado; de ahí pasaría a pensar en los remolinos de la sangre en el corazón y esto lo llevaría a meditar sobre los vórtices de las grandes tormentas o diluvios. El lector puede establecer sus propias asociaciones de ideas. Resultará apasionante.

# INTRODUCCIÓN
## Marina Wallace

### Leonardo da Vinci

Leonardo nació en Vinci, un pequeño pueblo cerca de Florencia, el 15 de abril de 1452. Su padre, Ser Piero di Antonio da Vinci, era notario y su madre, Caterina, la hija de un granjero. En 1472, el nombre de Leonardo aparece en los registros del gremio florentino Compagnia di San Luca, y en 1476 desarrollaba su actividad en el taller del pintor y escultor Andrea del Verrocchio (1435–1488).

Entre 1478 y 1492, recibió diversos encargos: un retablo para una capilla en el Palazzo Vecchio de Florencia; una torre sobre el crucero del transepto (tiburio) en la catedral de Milán; el diseño de una estatua ecuestre para Ludovico Sforza; un retablo que representara a la Virgen de las Rocas para la cofradía milanesa de la Inmaculada Concepción, y el escenario para una representación de la *Festa del Paradiso* en el Castello Sforzesco de Milán.

Durante este período viajó también al lago de Como en Lombardía y visitó Valtellina, Valsassina, Bellagio e Ivrea. Se sabe también que, en 1489, grabó uno de sus estudios sobre el cráneo para su libro *Sobre la figura humana* (en la actualidad en la Royal Library, Windsor, Reino Unido). Todas estas actividades, en un lapso de tan solo 14 años de la vida de Da Vinci, son muestra de la variedad de las mismas en los medios más diversos: de la pintura a la escultura, de planificar canales para regular el flujo de agua en las ciudades a diseñar máquinas de guerra para sus mecenas e inventar herramientas y artilugios mecánicos, y siempre tomando notas sobre sus observaciones en la naturaleza y en todo su entorno.

Viajó a diferentes ciudades, en particular entre Florencia y Milán, pero también a Mantua, Bolonia, Urbino, Cesena, Pesaro, Rímini y Piombino. Por último se trasladó a Francia en 1516, acompañado de su alumno Francesco Melzi y de su ayudante Salai, donde estuvo al servicio de Francisco I de Francia. Toda su vida recibió generosas cantidades de dinero y regalos de sus mecenas por sus obras, muchas de las cuales entregó con retraso. De Francisco I recibió la respetable suma de 2.000 escudos de oro por dos años de trabajo. Sus ayudantes también recibieron un generoso pago real: Melzi, 800 escudos de oro, y Salai, 100.

Leonardo da Vinci murió el 2 de mayo de 1519 en la casa solariega de Clos Lucé. La fama cosechada a lo largo de su vida se vio incrementada tras su muerte. En la actualidad, su nombre es conocido universalmente. Uno de sus cuadros, *Mona Lisa*, es el más famoso del mundo, en tanto que otro, *La Última Cena*, posiblemente sea el segundo más popular. Por otro lado, el *Hombre de Vitruvio* es el dibujo más célebre de todos los tiempos. Impresiona la enorme cantidad de sus escritos y su extraordinaria calidad: el número de páginas que se han conservado es de unas 6.000, que ocuparían unos 20 volúmenes. Su escritura manuscrita es difícil de leer, ya que, al ser zurdo, escribía de derecha a izquierda.

**«Hombre del Renacimiento»**

Lo que se hace evidente en su prodigiosa producción de pinturas, dibujos y manuscritos es la incansable observación de la naturaleza, sea en el cuerpo humano o en el movimiento del agua en valles y montañas. Cualquier análisis que llevemos a cabo es siempre parcial y requiere tener en cuenta un contexto mucho más amplio. Debemos considerar que todos los estudios de Leonardo y sus observaciones, así como los registros en sus cuadernos, tienen como base pensamientos profundos e interrelacionados. Da Vinci se esforzó en establecer principios, causas y razones, y en verificar sus conclusiones mediante la experimentación y casos prácticos. Su método se basaba en la experiencia. Encarnó aptitudes y conocimientos que, en la actualidad, requerirían docenas de ámbitos de especialización, desde la geología hasta la anatomía, la física, la música, la ingeniería, la pintura y muchas otras más. El término «hombre del Renacimiento» define la capacidad de un individuo para dominar muchas disciplinas diferentes. En ese sentido, Leonardo da Vinci fue el «hombre del Renacimiento» por excelencia.

## Artista y científico

La firme convicción de Leonardo en la posibilidad de interrelacionar todas las formas naturales y el poder creador de la naturaleza, que todo lo rige, se pone de manifiesto en sus observaciones y experimentos. Se tiene la sensación de que a Da Vinci nada le pasaba inadvertido. Su mente estaba activa en todo momento intentando determinar las causas más profundas de todos los fenómenos, en un intento de simplificar los principios más complejos. Su capacidad de visualización era extraordinaria. Sus ideas cobraron forma gracias a su magistral capacidad para realizar dibujos detallados de cuanto veía o imaginaba. Sus esquemas y anotaciones podrían entenderse como una tormenta de ideas llevada al papel. Su mente científica, que siempre buscó el modo de confirmar o refutar sus hipótesis, no fue ajena a su producción artística. Sus cuadros y dibujos, de asombrosa belleza, forman parte de un mismo todo de tal modo que no pueden entenderse como algo ajeno a sus objetivos científicos.

## Cómo funciona este libro

El método seguido en el presente libro consiste en adentrarnos en la vasta mente de Leonardo da Vinci para conseguir trazar un retrato completo a partir de detalles individuales. Hay un total de siete capítulos, cada uno de los cuales está dedicado a uno de los ámbitos científicos y artísticos más importantes de Leonardo. Esperamos que el conjunto proporcione una imagen de cómo era y actuaba un típico «hombre del Renacimiento», así como de la diversidad de campos en que desarrolló su actividad. Los diferentes temas de cada capítulo se centran en un detalle particular, un fragmento para completar el cuadro, en la **teoría en 30 segundos**, que se condensa en el **esquema en 3 segundos**. En cada tema se incluye, a su vez, una **obra maestra en 3 minutos** para ejemplificar en un cuadro, escultura u objeto las ideas tratadas. Por último, en las **minibiografías** se presenta al lector el entorno más completo, ofreciendo detalles sobre personajes clave que influyeron o fueron influidos por Leonardo. Las obras características incluidas en cada capítulo analizan una muestra del genio artístico de Leonardo da Vinci.

**Topógrafo y cartógrafo**

*Este mapa a vista de pájaro de la Toscana, de hacia 1503, es solo uno de los muchos ejemplos del increíble compromiso y la precisión artística de Leonardo da Vinci. La ubicación de los lugares y la definición de los paisajes constituyen no solo una hermosa obra de arte, sino también un logro técnico inigualable para su tiempo.*

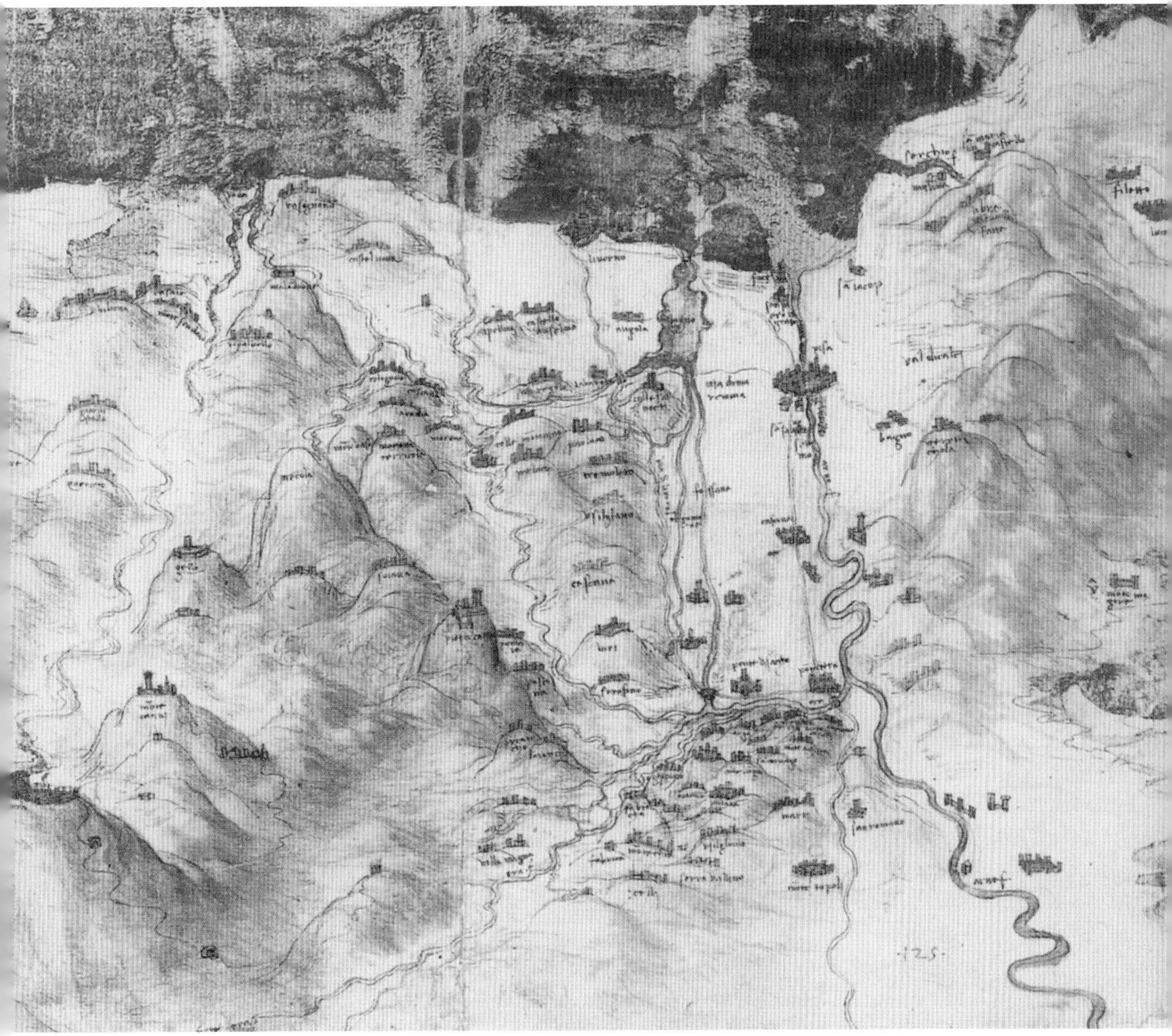

# PINTURA Y ESCULTURA

## PINTURA Y ESCULTURA
GLOSARIO

**arte académico** Tras la aceptación de las artes visuales como artes liberales, gracias a los esfuerzos de Leonardo, a finales del siglo XVI aparecen las escuelas o academias de arte en toda Europa, que perdurarían hasta el siglo XIX. Patrocinadas por influyentes mecenas, su objetivo era la educación de los jóvenes artistas siguiendo las reglas de las teorías artísticas clásicas del Renacimiento. Este conjunto de reglas y tradiciones pasó a conocerse con el nombre de «arte académico».

**artes liberales** En el mundo clásico, las siete artes liberales eran las dignas de ser estudiadas por el hombre libre (*homo liber*) y se dividían en el *Trivium* (gramática, retórica y lógica) y el *Quadrivium* (aritmética, geometría, música y astronomía). La pobre posición de las artes visuales, calificadas como «vulgares», fue reivindicada cada vez más al inicio del Renacimiento y se hicieron esfuerzos para elevarlas desde el nivel de meras habilidades manuales hasta el de artes liberales. Da Vinci, más que ningún otro, fue el responsable de promover la idea de que el pintor era un pensador creativo, y, hacia 1500, tanto la pintura como la escultura fueron reconocidas por fin como artes liberales.

**claroscuro** Término derivado del italiano *chiaroscuro* que describe el efecto de fuertes contrastes de luz y sombra para destacar algunos elementos en una obra de arte. Da Vinci lideró esta técnica como medio para crear la ilusión de profundidad y volumen en la pintura. A inicios del siglo XVII, Caravaggio y Rembrandt utilizaron esta misma técnica para acentuar el dramatismo de una escena.

**esfumado** Este término describe la sutil aplicación de tonos de colores sin que se advierta una transición claramente perceptible entre ellos. Da Vinci describió esta técnica como una gradación «sin líneas o bordes, en forma de humo». Recientes análisis mediante rayos X de *La Gioconda/Mona Lisa* han detectado que Leonardo, para conseguir este efecto, llegó a utilizar hasta 20 capas de pintura de un espesor de dos micras cada una.

***paragone*** Palabra italiana que significa «comparación» y que, en la historia del arte, hace alusión al debate que surgió en el Renacimiento a propósito de cuál de las artes visuales, la pintura o la escultura, era la que podía reproducir con mayor fidelidad las distintas formas de la naturaleza. En el *Tratado de la pintura*, Da Vinci reivindica la superioridad de la pintura sobre la escultura, la música y la poesía.

**perspectiva aérea** También conocida como «perspectiva atmosférica», define el efecto visual de la humedad y el polvo en la atmósfera sobre los paisajes, que se hace más notable en los objetos distantes, en los que los colores parecen hacerse más azules y los tonos más tenues: el color de los objetos, cuanto más lejos están, tanto más se parece al de la atmósfera que los rodea. En pintura, esto da una sensación de profundidad y distancia, y se consigue utilizando colores reales para los objetos en primer término y atenuando de forma gradual los colores y los tonos, así como disminuyendo la precisión de los contornos de los objetos a medida que se alejan hacia el fondo.

***Tratado de la pintura*** En el transcurso de su vida, Leonardo da Vinci escribió un gran número de notas y manuscritos en su famosa escritura especular de derecha a izquierda, y tenía la intención de publicar tratados sobre diversos temas. Sin embargo, los dejó todos a su amigo y alumno Francesco Melzi, quien empezó a recopilarlos en el *Libro di Pittura*. Publicado en francés e italiano en 1645 bajo el título de *Trattato della pintura*, y traducido al español en 1784, el *Tratado de la pintura* está considerado como «el documento más importante en la historia del arte». Se inicia con instrucciones detalladas sobre el dibujo de las partes más importantes de la anatomía humana y sigue con las técnicas para representar el movimiento y la perspectiva. Aborda cuestiones como la buena composición, la inventiva, la expresión de las emociones, los efectos de la luz, la sombra y el color, así como muchos otros detalles de la expresión artística, destacando la importancia de un estudio meticuloso del sujeto.

# *TRATADO DE LA PINTURA*

## la teoría en 30 segundos

El *Tratado de la pintura* de Leonardo da Vinci se convirtió en el medio de transmisión más importante de sus ideas teóricas hasta el siglo XIX. Aunque no se ha conservado ningún tratado terminado por el propio Leonardo, y lo que nosotros conocemos como *Tratado* es, de hecho, una recopilación del siglo XVI realizada por su alumno Francesco Melzi, los materiales que se incluyen en el mismo fueron copiados directamente de sus cuadernos y son, por tanto, fieles a sus enseñanzas. Se inicia con una discusión (*paragone*) sobre la primacía de la pintura sobre la escultura, la poesía y la música, en la que se establecen los principios de lo que el autor considera la ciencia de la pintura. Proporciona después una serie de preceptos para los pintores, en los que enfatiza la importancia de la naturaleza como guía primordial. Trata, a continuación, sobre el cuerpo humano, con especial atención a la proporción, al movimiento y a la expresión, con leves nociones sobre la pintura narrativa, y sigue con observaciones sobre los pliegues de los ropajes. Por último, se extiende en amplias discusiones científicas sobre la luz y las sombras. En ellas se manifiestan no solo las ideas de Leonardo sobre el color y la perspectiva aérea, sino que encontramos también instrucciones sobre el modo en que se deben pintar los árboles, las nubes y el horizonte. El *Tratado* muestra cómo trabaja la extraordinaria mente de Da Vinci en su empeño por entender las «leyes» de la naturaleza como principios básicos para la ciencia de la pintura y en instruir a los pintores para recrear el mundo natural de acuerdo con estos principios.

**ESQUEMA EN 3 SEGUNDOS**

Da Vinci afirma que la pintura es una actividad intelectual y práctica al mismo tiempo, que recrea la naturaleza de acuerdo con principios aprendidos de la observación empírica directa.

**OBRA MAESTRA EN 3 MINUTOS**

El *Tratado de la pintura* de Leonardo da Vinci ejerció una enorme influencia en los ámbitos académicos desde el momento de su primera edición en París, en 1615, con ilustraciones basadas en dibujos de Nicolas Poussin. Es uno de los ejemplos más importantes del intercambio cultural italo-francés, y se convirtió también en el marco obligado de referencia en los grandes debates que conformaron el pensamiento sobre el arte europeo en el siglo XVII y en los que siguieron.

**TEMAS RELACIONADOS**

*Véase* también
*PARAGONE*
página 18

DECORO DEL MOVIMIENTO Y EL GESTO
página 20

CLAROSCURO Y ESFUMADO
página 22

NATURALEZA
página 26

**MINIBIOGRAFÍAS**

FRANCESCO MELZI
**h. 1492–1570**
Pintor italiano, heredero de los manuscritos de Leonardo.

NICOLAS POUSSIN
**1594–1665**
Pintor francés, que pasó la mayor parte de su vida activa en Roma.

**TEXTO EN 30 SEGUNDOS**

Juliana Barone

***Excepcional por su capacidad de análisis y por su habilidad como dibujante, los cuadernos de Leonardo contienen numerosos estudios sobre el movimiento de la figura humana.***

# *PARAGONE*

## la teoría en 30 segundos

«La pintura lamenta haberse visto excluida de las artes liberales», afirma Leonardo da Vinci en la parte de su *Tratado de la pintura* que trata sobre el *paragone*, o comparación entre las artes. Al comparar y contrastar la pintura con la poesía y la música, intenta demostrar que la primera merece realmente ser incluida entre las artes liberales. En su opinión, la pintura supera a la poesía porque se dirige a la vista, no al oído. El ojo, la «ventana del alma», es el órgano sensorial más importante, ya que es a través de él como podemos captar mejor el carácter ilimitado de las obras de la naturaleza. En este sentido, sugiere que la pintura suscita nuestras emociones más rápidamente que la poesía, ya que un cuadro puede verse y entenderse de un modo inmediato, en tanto que un poema requiere de un tiempo para ser leído. De manera análoga, la pintura «está a un nivel superior al de la música, ya que no perece inmediatamente después de su creación, como le ocurre a la pobre música». Da Vinci también considera la pintura superior a la escultura, ya que requiere de una actividad intelectual por parte del artista. Además, el pintor puede mostrar todos los aspectos y todos los colores de la naturaleza, algo que no está al alcance del escultor.

**ESQUEMA EN 3 SEGUNDOS**
En su *Tratado de la pintura*, Leonardo Da Vinci estableció comparaciones entre las artes y alineó la pintura con la poesía en un intento de demostrar que la pintura debía incluirse entre las artes liberales o humanidades.

**OBRA MAESTRA EN 3 MINUTOS**
El *paragone* fue causa de frecuentes disputas en tiempos de Leonardo. Fue estimulado por el aforismo del poeta romano Horacio «*ut pictura poesis*» («como la pintura, así es la poesía»). Los puntos de vista de la superioridad de la pintura sobre la escultura se exponen en el libro de Castiglione *El cortesano*, publicado en 1528. El tema se debatió en unas conferencias de Benedetto Varchi en 1546, en las que este sostenía que la pintura y la poesía tenían en común la imitación, pero que la escultura era superior.

**TEMAS RELACIONADOS**
*Véase* también
*TRATADO DE LA PINTURA*
página 16

CLAROSCURO Y ESFUMADO
página 22

NATURALEZA
página 26

**MINIBIOGRAFÍAS**
BALDASSARE CASTIGLIONE
1478–1529
Escritor, diplomático y cortesano.

BENEDETTO VARCHI
1503–1565
Historiador, poeta y crítico florentino.

**TEXTO EN 30 SEGUNDOS**
Francis Ames-Lewis

***Leonardo consideraba que las obras escultóricas, como* Leda y el cisne*, de Bartolomeo Amannatti, solamente requerían de un mero esfuerzo físico, en tanto que la pintura era mucho más que un proceso mecánico; en su opinión, era la más excelsa de las artes.***

# DECORO DEL MOVIMIENTO Y EL GESTO

## la teoría en 30 segundos

Una parte importante del *Tratado de la pintura* de Leonardo da Vinci está consagrada a ofrecer instrucciones relativas a la representación del movimiento, así como a asegurar la pertinencia de los movimientos y los gestos con la figura representada. En su opinión, «las acciones de los hombres debe representarse de un modo acorde con su edad y su posición». Así, un anciano debe moverse lentamente; las mujeres jóvenes deben ser modestas, con los ojos bajos; una anciana debería mostrarse como «malhumorada y ansiosa, con movimientos irascibles». A su vez, los niños deben representarse «con acciones alegres e inquietas cuando están sentados». En los dibujos para la inacabada *Adoración de los Magos*, Da Vinci hizo un estudio de una serie de poses y gestos para adecuarlos a las diferentes edades de los tres magos. El movimiento de los personajes debe reflejar también su estado mental, sea este enojado, triste, feliz o atemorizado, y los gestos de las manos deben reflejar su respuesta emocional. Un ejemplo perfecto de este consejo en la propia obra de Leonardo es su mural en Milán de *La Última Cena*. Cada uno de los apóstoles reacciona de una manera diferente a las palabras de Cristo, y sus movimientos, gestos con las manos y expresiones faciales pretenden reflejar la naturaleza de las emociones que sienten.

**ESQUEMA EN 3 SEGUNDOS**

Los movimientos y gestos de los personajes deben ser adecuados a su edad, género y estatus, así como expresar su estado emocional.

**OBRA MAESTRA EN 3 MINUTOS**

Los pintores posteriores a Da Vinci adoptaron y reforzaron sus ideas sobre el decoro en el movimiento y la expresión. Poco después de que se publicara el *Tratado*, en 1651, Charles Le Brun, pintor de la corte de Luis XIV, escribió un tratado titulado *Méthode pour apprendre à dessiner les passions*, que fue publicado póstumamente en 1698. Siguiendo las ideas teóricas de Nicolas Poussin sobre la expresión facial, Le Brun intentó codificar la representación visual de las emociones humanas. El tratado continuó siendo un referente para los pintores «académicos» hasta finales del siglo XIX.

**TEMAS RELACIONADOS**

*Véase* también
*TRATADO DE LA PINTURA*
página 16

*LA ÚLTIMA CENA*
página 24

**MINIBIOGRAFÍAS**

NICOLAS POUSSIN
**1594–1665**
Pintor francés que trabajó básicamente en Roma.

CHARLES LE BRUN
**1619–1690**
Pintor «académico» francés y artista-político.

**TEXTO EN 30 SEGUNDOS**

Francis Ames-Lewis

***Bosquejos de hombres jóvenes y viejos de las calles de Milán se convirtieron en los apóstoles de Leonardo. Sus maneras, gestos y cambios muestran sus respuestas a las palabras y actos de Cristo en la Última Cena.***

# CLAROSCURO Y ESFUMADO

## la teoría en 30 segundos

El término «claroscuro» describe, en pintura, la transición de zonas iluminadas a áreas de sombra que pretende crear la ilusión de formas tridimensionales. El esfumado describe, a su vez, una sofisticada manera de pintar el paso de luz a sombra desarrollada por Leonardo da Vinci, para quien la luz y la sombra se deberían fundir «sin líneas o bordes, en forma de humo». Más tarde, Galileo escribió que el esfumado era una técnica para combinar un tono con el siguiente de una manera delicada, «con lo que las pinturas surgen suaves y plenas, con fuerza y relieve». En sus estudios sobre óptica de la década de 1490, Leonardo analiza a fondo las transiciones tonales generadas por la incidencia de la luz sobre los objetos. Este trabajo experimental se pone de manifiesto en el esfumado muy evolucionado de las cabezas de los personajes en la *La Virgen de las Rocas*, expuesto en Londres. También tuvo una importancia fundamental su sofisticado uso de la técnica del óleo que los pintores italianos del siglo XV habían empezado a utilizar hacía poco. Gracias al óleo, se pueden observar los sutiles efectos del esfumado atmosférico utilizando transiciones imperceptibles de la luz a la sombra en la cabeza de santa Ana en *Santa Ana, la Virgen y el Niño*, así como en el estudio con tiza negra que Da Vinci realizó para su obra. Los suaves gradientes tonales refuerzan la expresión dulce y sensible de santa Ana cuando mira amorosamente a la Virgen.

**ESQUEMA EN 3 SEGUNDOS**

El uso de la luz y la sombra (claroscuro) y la aplicación de imperceptibles cambios en los tonos (esfumado) fueron decisivos en el tratamiento que hizo Da Vinci de la figura humana.

**OBRA MAESTRA EN 3 MINUTOS**

Los estudios científicos de Leonardo sobre la luz y la sombra, así como su desarrollo de la técnica del esfumado, de una sutileza inigualable, ejercieron una gran influencia en los siglos posteriores. Los artistas explotaron las posibilidades ofrecidas por el claroscuro de modos diversos, desde los impresionantes efectos luminosos de Caravaggio hasta los delicados efectos atmosféricos logrados por Rembrandt para realzar la intensidad expresiva de sus personajes. La importancia del claroscuro solo perdió fuerza con el advenimiento del modernismo en el siglo XX.

**TEMAS RELACIONADOS**

*Véase* también
DIBUJO CON TIZA NEGRA Y ROJA
página 30

ÓPTICA GEOMÉTRICA
página 40

*LA VIRGEN DE LAS ROCAS*
página 122

**MINIBIOGRAFÍAS**

GALILEO GALILEI
1564–1642
Matemático, científico y astrónomo italiano.

MICHELANGELO MERISI DA CARAVAGGIO
1571–1610
Pintor lombardo que trabajó principalmente en Roma y, más tarde, en Nápoles, Sicilia y Malta.

**TEXTO EN 30 SEGUNDOS**

Francis Ames-Lewis

***Con un sofisticado manejo de la luz, la sombra y el color, Leonardo da Vinci alcanzó un sutil realismo que reproduce las formas tridimensionales y las expresiones emocionales.***

# LA ÚLTIMA CENA

*La Última Cena* fue realizada como parte del programa de Ludovico Sforza para la ampliación y nuevo decorado del complejo dominico de Santa Maria delle Grazie en Milán, y cubre una de las paredes del refectorio. Datada hacia 1494-1498, es una de las muestras más excelsas de la pintura narrativa. Representa el impactante momento en el que Cristo anuncia que uno de sus apóstoles lo traicionará, a lo que sigue la institución de la Eucaristía, evocada por el gesto de tender su mano hacia el cáliz con el vino y ofrecer el pan.

Da Vinci fue revolucionario tanto en la expresión como en la orquestación de las reacciones de los apóstoles, que responden de una manera individual (sus gestos y expresiones faciales revelan su carácter interno), y se hallan organizados en de grupos de tres (lo que desarrolla niveles intermedios en la narrativa y el interés de la composición). En el grupo a la derecha de Cristo se muestra a Judas, que, de pronto, retrocede y sujeta su bolsa de dinero; Pedro se mueve hacia delante sin creer lo que oye, empuñando un cuchillo, y Juan transmite en todo su tierna inocencia. Como expone el propio Leonardo en su *Tratado de la pintura*, «la figura más encomiable es la que mejor expresa, con su acción, la pasión de su alma». La afortunada representación de la escena está ligada intrínsecamente a la hábil construcción del espacio como una extensión visual del refectorio. Utilizando la perspectiva, con el punto de fuga en la cabeza de Cristo, la construcción es convincente en términos visuales, pero hay señales de que Da Vinci se tomó algunas licencias artísticas para acomodar la narrativa de la escena. Esta no viene representada desde el punto de vista real de alguien situado en el refectorio (en cuyo caso sería visible la parte inferior de la mesa), sino en una posición ideal situada al doble de altura. El formato de las figuras es monumental (no pueden estar todas sentadas detrás de la mesa) para explorar la expresión y el significado al más alto nivel.

Desde el momento en que fue presentada, la obra disfrutó de una enorme popularidad en Italia y en otros lugares, influyó en artistas como Rubens y Rembrandt, y desempeñó un papel primordial en la teoría francesa del arte académico. La técnica experimental utilizada por Leonardo (temple de huevo y óleo en algunos lugares), que se apartó de la tradicional del fresco, le permitió no solo realizar correcciones, sino también crear efectos más sutiles de iluminación y modelado; pero el resultado fue que la superficie de la pintura se deterioró muy pronto y, desde entonces, se ha restaurado en varias ocasiones.

***Juliana Barone***

# NATURALEZA

## la teoría en 30 segundos

**ESQUEMA EN 3 SEGUNDOS**
Para Leonardo, la naturaleza es la madre de la pintura, y el pintor debe cimentar su inventiva creativa en la imitación exacta de la naturaleza.

**OBRA MAESTRA EN 3 MINUTOS**
La insistencia de Da Vinci en la autoridad de la naturaleza no era nada nuevo. Cennino Cennini, en su *Libro dell'Arte* (h. 1400), al reflexionar sobre la necesidad de copiar de la naturaleza, la calificó como «la guía más perfecta que se puede tener». A su vez, Leon Battista Alberti escribió en *De pictura* (1435) que el pintor debería seguir a la naturaleza en su modo de vivir, y escoger lo más típico y lo mejor de la misma para crear una obra más bella que la propia naturaleza.

En su *Tratado*, Leonardo denomina a la pintura la «hija de la naturaleza», ya que todas las cosas producidas por ella se pueden hallar en la pintura. Volviendo a sus argumentos del *paragone*, reivindica que la pintura es superior a la poesía debido a que el pintor reproduce la naturaleza con mayor exactitud que el poeta. Por otra parte, es superior a la escultura por utilizar el color y la perspectiva aérea. Además, puede reproducir nubes, tormentas, escenas nocturnas, plantas y flores, paisajes y mucho más. La función más importante del pintor es la imitación exacta de la naturaleza mediante la observación empírica, de primera mano. Es crucial su experiencia con las leyes naturales cuando estudia el sinnúmero de los movimientos de la figura humana, las proporciones de un caballo, el crecimiento y el ramaje de los árboles, la caída de la luz y las sombras o los efectos de la distancia en los detalles, los colores y las tonalidades de los objetos. El pintor, ni debe intentar mejorar la naturaleza, ni mostrar únicamente lo bello de la misma. Más bien, debe registrar la completa variedad que hay en ella, pero no copiarla servilmente, sino recurriendo a su creatividad e ingenio (*invenzione*). Por último, el pintor no se fiará de su memoria ni imitará a otros pintores, sino que observará la naturaleza, estudiará sus leyes y construirá imaginativamente sobre esta base.

**TEMAS RELACIONADOS**
*Véase* también
*TRATADO DE LA PINTURA*
página 16

*PARAGONE*
página 18

**MINIBIOGRAFÍAS**
CENNINO CENNINI
h. 1370–1440
Matemático, científico y astrónomo italiano.

LEON BATTISTA ALBERTI
1404–1472
Humanista y sabio florentino y, autor de *De pictura* (*Sobre la pintura*).

**TEXTO EN 30 SEGUNDOS**
Francis Ames-Lewis

***Estudioso tanto de las artes como de las ciencias, Da Vinci basó sus obras en una observación meticulosa de la naturaleza y se interesó, entre otras disciplinas, por la botánica, la hidráulica, la aerodinámica, la anatomía y la geología.***

# EL ARTE DEL RETRATO

## la teoría en 30 segundos

Leonardo da Vinci solo pintó unos pocos retratos, pero todos ellos tienen una profunda originalidad, y su arte del retrato tuvo una influencia decisiva en el desarrollo del género. Únicamente uno de ellos tiene un modelo masculino: *Retrato de músico*. Su dibujo de *Isabel de Este, marquesa de Mantua* muestra la figura en posición de tres cuartos, en tanto que la cabeza está girada de perfil. Esta era la pose convencional para un modelo de alto rango, pero aquí encontramos una imagen remota e idealizada. Leonardo no llegó a realizar la prometida versión pintada, lo que hace pensar que no estaba satisfecho con este formato. En sus retratos de damas florentinas, *Ginebra de Benzi* (que se muestra aquí) y *Mona Lisa*, las modelos muestran el rostro completo. La primera se enfrenta al observador con una mirada indecorosamente penetrante, que tal vez tenga su origen en prototipos flamencos. Sus dos retratos de amantes de Ludovico Sforza, duque de Milán (*Cecilia Gallerani* y *Lucrecia Crivelli*), muestran a las modelos en un estado de movimiento transitorio, tanto en su pose como en su estado emocional, lo que resulta más significativo. Estos retratos son paradigmas de la constante búsqueda de Da Vinci para encontrar maneras ideales de reflejar lo que él llamaba «los movimientos del alma».

**ESQUEMA EN 3 SEGUNDOS**
En sus retratos, Leonardo introduce poses desusadas y dinámicas, y busca representar la personalidad captando una expresión facial fugaz y comprometida.

**OBRA MAESTRA EN 3 MINUTOS**
Es posible que Rafael fuera el primer pintor que aprendiera de la originalidad de Leonardo y la llevara a sus propias obras: su *Maddalena Doni* se basa claramente en *La Gioconda/Mona Lisa*. A lo largo de su obra, se hicieron más patentes y conocidos los logros de Leonardo en el arte del retrato, en la activación de las poses y expresiones de sus modelos, así como en la definición de sus estados emocionales. Entre los pintores que más deben a las innovadoras aportaciones de Leonardo se encuentran Rembrandt, Velázquez e Ingres.

**TEMAS RELACIONADOS**
*Véase* también
*PARAGONE*
página 18

*LA GIOCONDA/MONA LISA*
página 110

**MINIBIOGRAFÍAS**

RAFAEL
1483–1520
Pintor y arquitecto, nacido en Urbino, que trabajó en Florencia, si bien la mayor parte del tiempo lo hizo en Roma.

DIEGO VELÁZQUEZ
1599–1660
Pintor español que trabajó fundamentalmente para la corte de Felipe IV en Madrid.

REMBRANDT VAN RIJN
1606–1669
Pintor, dibujante y grabador holandés que desarrolló su carrera básicamente en Ámsterdam.

**TEXTO EN 30 SEGUNDOS**
Francis Ames-Lewis

***Los retratos de Leonardo reflejan no solo la posición de sus modelos, sino también el íntimo compromiso entre el modelo y el observador.***

# DIBUJO CON TIZA NEGRA Y ROJA

## la teoría en 30 segundos

Las tizas naturales negra y roja se extraían sobre todo en el norte de Italia. Se cortaban en barritas que se podían afilar para dibujar líneas finas o utilizar directamente para colorear áreas de tonos variados. La tiza es el medio gráfico ideal para conseguir el efecto de esfumado (delicados gradientes tonales aplicados para representar formas tridimensionales). Siendo ayudante en el taller de Andrea del Verrocchio, entre mediados de la década de 1460 y la de 1470, Leonardo debió de conocer los dibujos con tiza negra de su maestro. Sin embargo, en las etapas tempranas de su propia actividad como dibujante, no aprovechó el potencial de la tiza para generar transiciones tonales monocromáticas. No fue hasta mediados de la década de 1490 cuando, al hacer los estudios de las cabezas de *La Última Cena*, utilizó con profusión este medio, siendo el primer dibujante occidental en usar la tiza roja. El trazado nítido y lineal del perfil de Judas en tiza roja se combina con un modelado de tonos gradual que resalta la musculatura del cuello, exagerada por la tensión emocional. Da Vinci empleó la tiza negra más friable para su estudio de san Felipe con el fin de crear una atmósfera más delicada en su expresivo rostro. Los bucles del pelo se componen de fluidas líneas curvas y un frotado suave de la tiza define las sombras en torno a los ojos y bajo la mandíbula.

**ESQUEMA EN 3 SEGUNDOS**

Da Vinci descubrió que las tizas negra y roja constituían el medio ideal para realizar estudios detallados de tipos faciales modelados con suavidad y emocionalmente expresivos.

**OBRA MAESTRA EN 3 MINUTOS**

En su *Libro dell'Arte*, hacia 1400, Cennino Cennini hace referencia a la tiza negra, pero este medio fue muy poco utilizado antes de finales del siglo XV. Leonardo fue el primero en valerse del calor del color de la tiza roja, que fue después muy apreciada por dibujantes posteriores, como Correggio y Rubens. La gama de las prácticas de dibujo con tiza de Leonardo inspiraron a generaciones de dibujantes desde el siglo XVI hasta los artistas «académicos» del siglo XIX.

**TEMAS RELACIONADOS**

*Véase* también
CLAROSCURO Y ESFUMADO
página 22

*LA ÚLTIMA CENA*
página 24

**MINIBIOGRAFÍAS**

CENNINO CENNINI
h. 1370–1440
Pintor florentino y autor del tratado técnico *Il Libro dell'Arte*

ANDREA DEL VERROCCHIO
h. 1435–1488
Pintor, dibujante y escultor florentino en cuyo taller se formó Leonardo.

ANTONIO ALLEGRI CORREGGIO
h. 1490–1534
Pintor originario del norte de Italia, que desarrolló su actividad básicamente en Parma.

**TEXTO EN 30 SEGUNDOS**

Francis Ames-Lewis

***Da Vinci utilizó las líneas más duras de la tiza roja sobre tonos negros más suaves para realzar las emociones.***

# EL DILUVIO

## la teoría en 30 segundos

Hacia el final de su carrera, a partir de 1515 aproximadamente, Leonardo da Vinci se mostró angustiado por una visión muy imaginativa del «diluvio». Exploró esta evocación catastrófica de la capacidad de la naturaleza para causar devastaciones con huracanes, terremotos y otros fenómenos naturales, tanto por escrito como mediante imágenes. Su prolija descripción escrita, que se desarrolla a partir de las indicaciones para representar una batalla, continúa con consideraciones sobre el poder destructor de los elementos. Un turbulento corrimiento de tierras destruye grandes árboles. «Las montañas se colapsan y se precipitan en el fondo de un valle». Un río rompe los diques y las olas que resultan arrasan las ciudades del valle. Los relámpagos iluminan tan catastróficas escenas. Estos y otros violentos episodios se reflejan en una extraordinaria serie de dibujos a gran escala realizados con tiza negra. En uno de ellos, los movimientos turbulentos de los vientos huracanados y la lluvia torrencial parecen provocar que una montaña se fragmente y se derrumbe sobre un pueblo descrito con todo detalle. En otros dibujos, dinámicos tornados helicoidales (lo que demuestra la constante fascinación que ejercen sobre Leonardo los movimientos espirales) se mueven por las páginas, como si su imaginación se hubiera desgarrado, liberada de su mente normalmente racional. Casi no se ve ninguna figura: frente a estos desastres naturales, el hombre es insignificante, demasiado pequeño e indefenso para que valga la pena tomarlo en cuenta.

**ESQUEMA EN 3 SEGUNDOS**

Una serie de dibujos de diluvios catastróficos realizados por Da Vinci hacia el final de su vida indican que su imaginación era todavía brillante, pero quizá trastornada.

**OBRA MAESTRA EN 3 MINUTOS**

¿Qué desencadenó estas fantasías apocalípticas? Como consecuencia de las invasiones francesas de la década de 1490, Italia se hallaba sumida en la inestabilidad. El propio Leonardo sugirió que la ira de Dios estaba tras sus imágenes de destrucción; quizá estaba trastornado por las amenazas de la reforma protestante a la autoridad papal y al orden social. Trabajó en Roma durante dos inseguros e improductivos años cuando «el diluvio» desencadenó su imaginación a la par que se deterioraba su salud.

**TEMAS RELACIONADOS**

*Véase* también
EL AGUA
página 128

LAS FUERZAS DE LA NATURALEZA
página 132

**TEXTO EN 30 SEGUNDOS**

Francis Ames-Lewis

***«El diluvio» es mucho más que la imaginación artística de Leonardo de las furias elementales: también constituye la observación científica de los vientos que surgen en espiral de las nubes tormentosas y se extienden como un remolino destructor cuando llegan al suelo.***

# GEOMETRÍA

## GEOMETRÍA
GLOSARIO

**centroide** El centro de masas de un objeto geométrico bidimensional de densidad uniforme.

***Modulor*** El arquitecto francés Le Corbusier (1887–1865), siguiendo la tradición del *Hombre de Vitruvio*, desarrolló una escala de proporciones que denominó «modulor», basada en un hombre estilizado de 1,83 m de estatura, la cual está dividida en secciones cuya magnitud se relaciona con la anterior por la razón áurea para proporcionar «una medida armónica de la escala humana, aplicable de una manera universal a la arquitectura y a la mecánica».

**ortogonales** Líneas paralelas que, en un dibujo, se unen en el punto de fuga. El término deriva de una expresión griega que significa «en ángulo recto» (con el plano frontal de un dibujo).

**perspectiva atmosférica** Efecto visual de la humedad y el polvo presentes en la atmósfera sobre los paisajes, que se hace más notable en los objetos distantes, en los que los colores parecen volverse más azules y los tonos más tenues: el color de los objetos, cuanto más lejos se hallan, tanto más se parece al de la atmósfera que los rodea. En pintura, esto da una sensación de profundidad y distancia, y se consigue utilizando colores reales para los objetos en primer término y atenuando de forma gradual los colores y los tonos, así como disminuyendo la precisión de los contornos de los objetos a medida que se alejan hacia el fondo. Se denomina también «perspectiva aérea».

**perspectiva lineal** Hasta los inicios del siglo XV, los pintores no mostraron interés por los efectos de la perspectiva. El arquitecto florentino Leon Battista Alberti, en su tratado *De Pictura* de 1435, describió con todo detalle un sistema matemático que daba una sensación de profundidad a una superficie plana utilizando fenómenos ópticos tales como la convergencia aparente de las líneas paralelas y la reducción del tamaño de los objetos situados más lejos de un punto de vista fijo: el del espectador que contempla la pintura. Este sistema, denominado «perspectiva lineal, óptica o matemática», se usó hasta finales del siglo XIX como base del arte occidental.

**perspectógrafo** Dispositivo óptico inventado por Leonardo da Vinci para ayudar a realizar un dibujo con la correcta perspectiva lineal. Consistía en una mesa con una placa que tenía una ranura usada como visor y, frente a ella, una lámina de cristal en la que el artista podía hacer el bosquejo de la escena observada a través del visor con todos los elementos y las proporciones relativas entre ellos. El dibujo se llevaba después a una tela como base para pintar los detalles.

**punto de fuga** De acuerdo con los principios de la perspectiva lineal, se traza en primer lugar una línea horizontal en la que coinciden el cielo y el suelo, es decir, la línea del horizonte, y se escoge un punto cerca del centro de la misma que será el punto de fuga, en el que convergen todas las líneas paralelas del dibujo.

**razón áurea** 1:1,61803, una relación que se considera fundamental para todo cuanto se percibe como agradable desde el punto de vista estético. Se puede encontrar en diseños del mundo antiguo como los de las pirámides y el del Partenón, y se presenta con mucha frecuencia en la naturaleza. Da Vinci la denominó «la razón base» y es una de las razones geométricas que no se puede expresar de un modo preciso en términos aritméticos o numéricos. *La Última Cena* está dividida en rectángulos relacionados por la razón áurea y, lo más notable, el *Hombre de Vitruvio* también está proporcionado de acuerdo con este número. La influencia de la razón áurea continúa presente en todas las manifestaciones artísticas, desde la arquitectura y la pintura hasta el diseño industrial.

**sólidos arquimedianos** Son poliedros semirregulares cuyas caras son polígonos regulares de dos o más tipos que convergen en vértices uniformes. Reciben su nombre de Arquímedes, que los describió.

**sólidos platónicos** Son los poliedros regulares descubiertos por los pitagóricos pero que fueron descritos más tarde por el filósofo griego Platón, quien propuso que eran los componentes fundamentales del universo físico. Sus caras son polígonos regulares iguales y los ángulos que forman son también iguales. Solo existen cinco sólidos platónicos: el tetraedro, el cubo, el octaedro, el dodecaedro y el icosaedro.

# PERSPECTIVA LINEAL

## la teoría en 30 segundos

Da Vinci identificó tres tipos de perspectiva: la de tamaño (denominada en la actualidad «perspectiva lineal») y las de color y desaparición (que hoy en día se conocen conjuntamente como «perspectiva atmosférica»). Todas ellas describen el aspecto de los objetos lejanos como más pequeños, menos definidos, más tenues y más azules. La perspectiva lineal fue desarrollada por Brunelleschi, Alberti y Piero della Francesca, y Leonardo la perfeccionó. Se trata de un sistema geométrico para representar objetos en un plano, el «plano del dibujo», semejante a trazar una escena lejana en una ventana. El perspectógrafo de Leonardo podía ayudar al artista a realizar de este modo un dibujo en perspectiva. Toda la teoría de la perspectiva lineal se basa en el hecho de que los objetos aparecen cada vez más pequeños a medida que aumenta la distancia del observador, lo que Da Vinci denominó «disminución proporcional con la distancia»; al final, el tamaño del objeto llegaría a ser cero en lo que se define como «punto de fuga». Este efecto es claramente visible, por ejemplo, en la inacabada *La adoración* del genial artista florentino, que representa un suelo embaldosado cuyas líneas («ortogonales») convergen en el punto de fuga. De un modo semejante, *La anunciación,* muestra una estructura de perspectiva de líneas incisas en el panel de madera en el que está pintada, mientras que en *La Última Cena* el punto de fuga se halla al nivel del ojo izquierdo de Jesús, y sus brazos están colocados sobre las ortogonales.

**ESQUEMA EN 3 SEGUNDOS**
«La perspectiva es la rienda y el timón de la pintura»: esta afirmación, así como numerosas entradas en sus diarios, muestran la importancia concedida por Leonardo a este concepto.

**OBRA MAESTRA EN 3 MINUTOS**
Los últimos estudios de Da Vinci sobre la visión modificaron sus primeras hipótesis sobre la perspectiva lineal: un rayo de luz no llega directamente al ojo, sino refractado por la superficie de la lente; una larga pared paralela al plano de la pintura trazada con la perspectiva tradicional sería rectangular con los lados paralelos a los del dibujo, pero en realidad está deformada e incluso quizá curva. Otras complicaciones para la perspectiva eran la visión binocular, las ilusiones ópticas y la curvatura de la Tierra.

**TEMA RELACIONADO**
*Véase* también
*LA ÚLTIMA CENA*
página 24

**MINIBIOGRAFÍAS**

FILIPPO BRUNELLESCHI
1377–1446
Arquitecto e ingeniero del Renacimiento italiano que descubrió la perspectiva. Construyó la bóveda de la catedral de Florencia.

LEON BATTISTA ALBERTI
1404–1472
Autor, artista, arquitecto y poeta italiano.

PIERO DELLA FRANCESCA
1420–1492
Pintor, matemático y poeta renacentista italiano.

**TEXTO EN 30 SEGUNDOS**
Paul Calter

***Da Vinci aplicó sus conocimientos de la geometría en sus primeras pinturas para conseguir la ilusión de espacio y distancia en un plano bidimensional.***

# ÓPTICA GEOMÉTRICA

## la teoría en 30 segundos

Leonardo escribió: «El ojo, que está considerado la ventana del alma, es el camino primario por el que el receptáculo sensorial del cerebro puede... contemplar el trabajo infinito de la naturaleza». Haciendo disecciones de ojos y dibujando el diagrama de uno, refutó la noción medieval según la cual los ojos enviaban rayos de luz en lugar de recibirlos. Para intentar entender la mecánica de la visión, experimentó con lentes, espejos, rendijas y bolas de vidrio rellenas de agua. En uno de sus experimentos, demostró que los objetos muy pequeños cercanos al ojo no son visibles. En otro, que las aristas de un objeto no pueden verse claramente. Un tercero, denominado la «ilusión de la aguja móvil», probó que un objeto que se mueve en las proximidades del ojo parece hacerlo en la dirección opuesta a la real. También demostró que los objetos bajo el agua no se ven en su posición real debido a la refracción de la luz. Son numerosos los escritos de Leonardo sobre las sombras, y de hecho aconsejó a los artistas que vieran sus obras reflejadas en un espejo. Hizo diagramas explicativos de la reflexión de los rayos de luz en los espejos planos y curvos, inventó un aparato para fabricar espejos curvos e incluso pensó en construir un «espejo incendiario» para usos militares.

**ESQUEMA EN 3 SEGUNDOS**

La pintura de Leonardo y su interés por la perspectiva fueron de la mano con sus estudios sobre la óptica y la visión.

**OBRA MAESTRA EN 3 MINUTOS**

Da Vinci creó un modelo en el que la luz entra en una cámara a través de un pequeño orificio y se proyecta sobre una pantalla; funcionaba como una *camera obscura* («cámara oscura»). La luz de la escena externa pasa a través del pequeño orificio en uno de los lados de la cámara y forma una imagen invertida en el lado opuesto. El artista florentino quedó fascinado por este fenómeno y lo describió en sus anotaciones. Está demostrado que otros artistas utilizaron también la cámara oscura.

**TEMAS RELACIONADOS**

*Véase* también
PERSPECTIVA LINEAL
página 38

PROPORCIONES GEOMÉTRICAS
página 42

**MINIBIOGRAFÍAS**

DAVID HOCKNEY
1937–
Pintor, dibujante, ilustrador, escenógrafo y fotógrafo inglés. Su libro *El conocimiento secreto*, realizado en colaboración con Charles Falco, trata sobre la utilización de dispositivos ópticos en la historia del arte.

CHARLES M. FALCO
1948–
Físico experimental estadounidense, experto en materiales de película fina.

**TEXTO EN 30 SEGUNDOS**

Paul Calter

***Con el mismo rigor con el que estudió la anatomía para conseguir la precisión en sus dibujos y pinturas, Leonardo se esforzó en transferir a sus obras sus observaciones científicas de los fenómenos ópticos.***

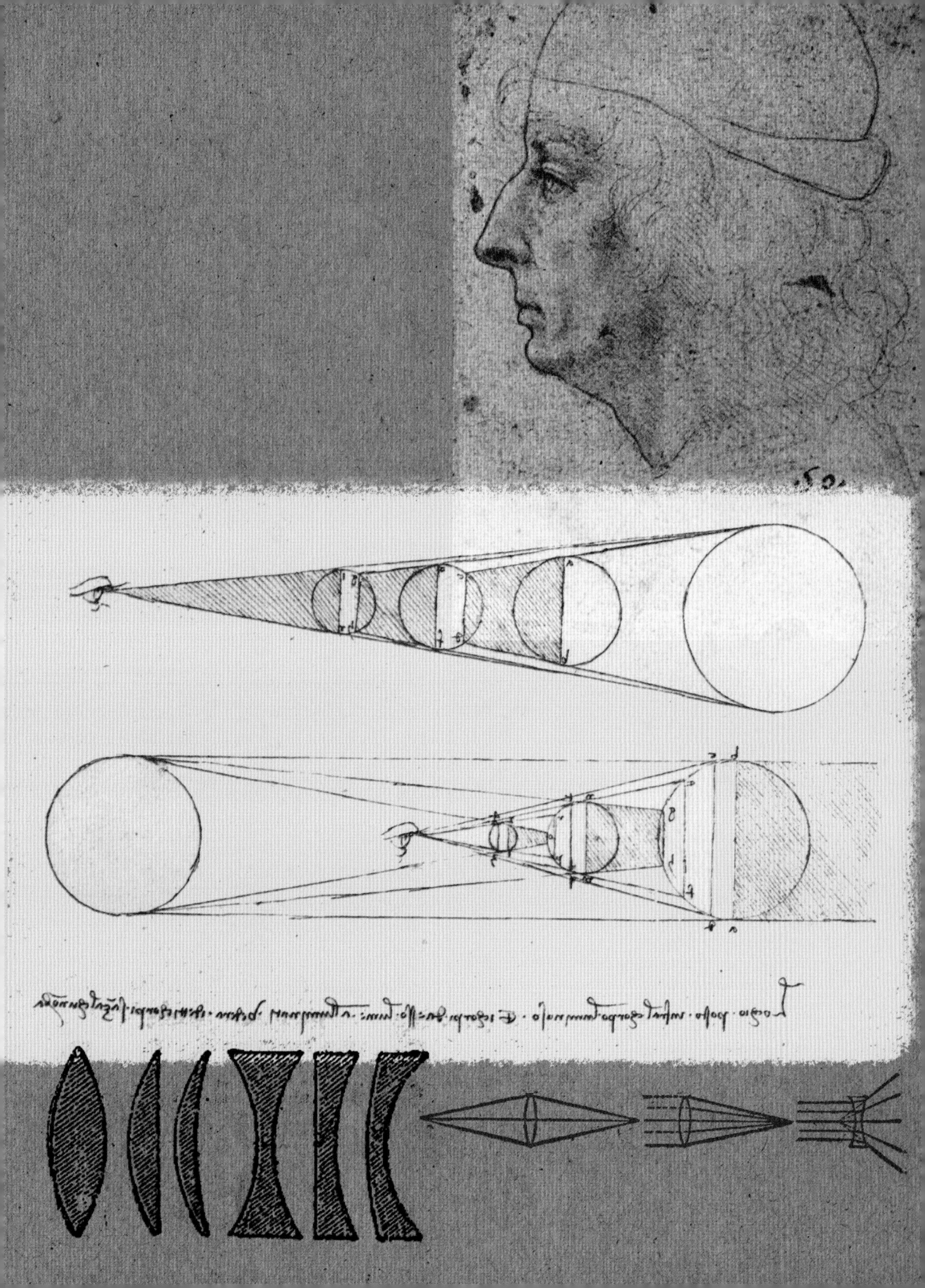

# PROPORCIONES GEOMÉTRICAS

## la teoría en 30 segundos

**ESQUEMA EN 3 SEGUNDOS**
Da Vinci estudió las proporciones matemáticas, pero como pintor prestó la máxima atención a las proporciones geométricas, en particular las del cuerpo humano.

**OBRA MAESTRA EN 3 MINUTOS**
Leonardo aprendió de Vitruvio que una persona no solo cabe en un círculo, sino también que la distancia entre las plantas de los pies hasta la parte superior de la cabeza es la misma que la envergadura de los brazos extendidos horizontalmente, lo que da lugar a un cuadrado. Esto se muestra en el emblemático *Hombre de Vitruvio,* de Leonardo, que se adoptó como nexo entre las bases orgánicas y geométricas de la belleza e incrementó el interés y las especulaciones sobre la cuadratura del círculo.

El «Árbol genealógico de las proporciones» de Leonardo delinea las diferentes relaciones matemáticas. Incluye la razón áurea o «divina proporción», que surge cuando se divide una cantidad en dos partes de tal modo que la relación entre la más pequeña de ellas y la más grande es igual a la relación entre la parte más grande y el todo. Leonardo afirma que cualquier parte de un todo debe guardar una proporción con el mismo. Esta afirmación es válida tanto para las personas como para los animales y las plantas. El genial florentino describió las proporciones entre un hombre arrodillado, de pie y sentado, e hizo observaciones tales como que «cuatro dedos hacen una palma, cuatro palmas hacen un pie, seis palmas hacen un codo, y cuatro codos hacen un hombre». Además, calculó que la distancia entre las puntas de los dedos de las manos con los brazos extendidos es igual a la estatura, que la distancia entre el nacimiento del pelo al extremo del mentón es igual a una décima parte de la estatura, que la distancia entre la barbilla y la coronilla es un octavo de la estatura de la persona, y así sucesivamente con el resto del cuerpo. Asimismo, aprendió del arquitecto romano Vitruvio que, si una persona está tendida en el suelo con los brazos levantados al nivel de la cabeza y las piernas extendidas de manera que el espacio descrito por las piernas sea un triángulo equilátero, un círculo trazado con centro en el ombligo será tangente a los dedos de los pies y las manos.

**TEMAS RELACIONADOS**
*Véase* también
LA CUADRATURA DEL CÍRCULO
página 48

GEOMETRÍA DEL ESPACIO
página 50

**MINIBIOGRAFÍA**
MARCOS VITRUVIOS POLLIO
h. 80-70–15 a. C
Arquitecto e ingeniero romano, autor de *De Architectura*.

**TEXTO EN 30 SEGUNDOS**
Paul Calter

***«El hombre es la medida de todas las cosas». La versión del* Hombre de Vitruvio *que Leonardo creó en 1490 revela su constante interés por la proporción, cuyo estudio amalgamó sus objetivos artísticos y científicos.***

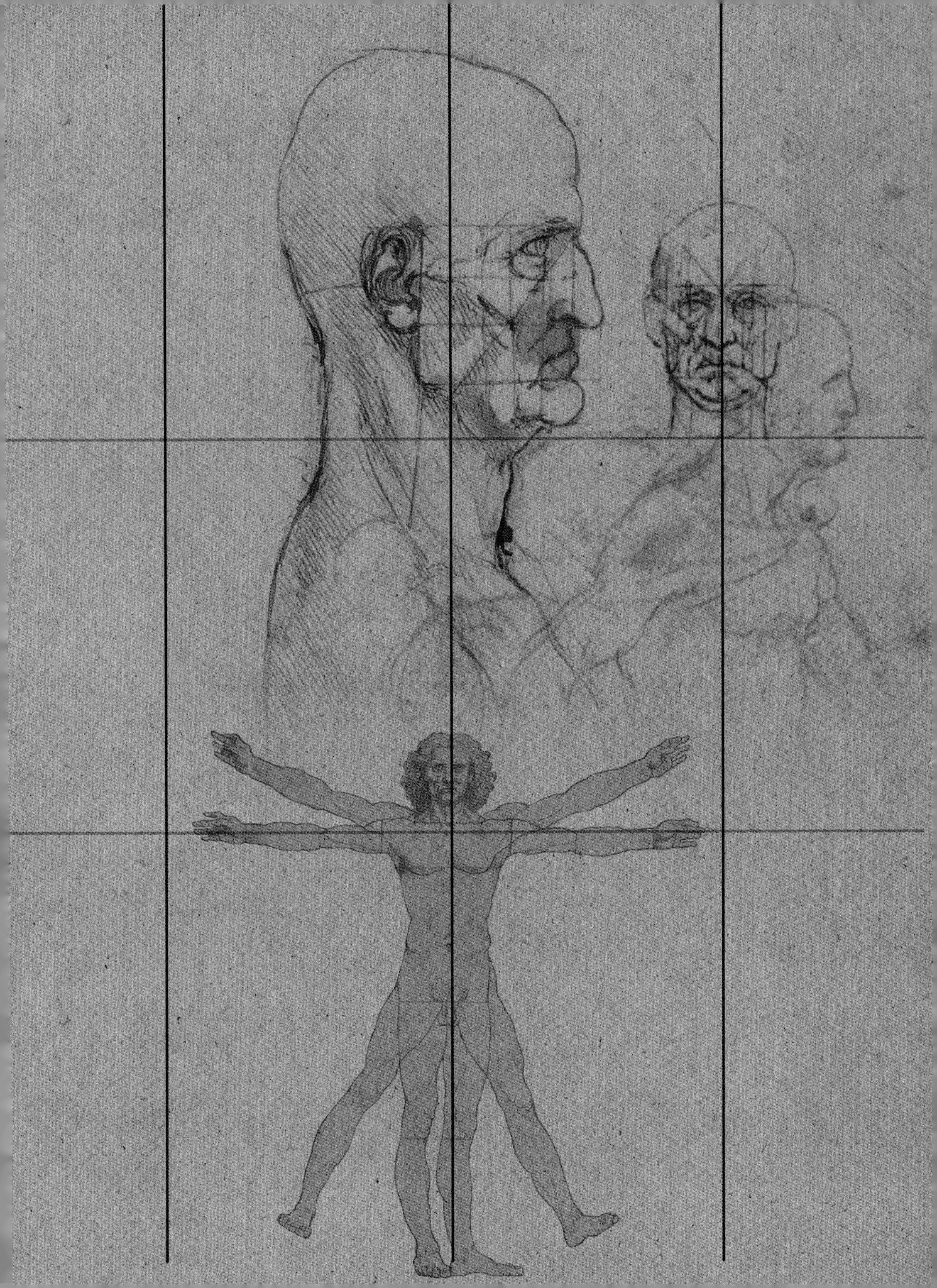

# LA DAMA DEL ARMIÑO

Al romper con la tradición de pintar de perfil a los modelos de alto rango social, *La dama del armiño* ocupa un lugar destacado en el concepto revolucionario del arte del retrato. La modelo transmite una humanidad sin precedentes. Aparece en tres cuartos de perfil, girando hacia su izquierda como si reaccionara, con ojos brillantes y un atisbo de sonrisa a alguien o a algo que se encuentra fuera del marco del cuadro. El animal que tiene en brazos, un armiño, mira también atentamente en la misma dirección y alza una pata, lo que refuerza su propio movimiento y respuesta emocional. El retrato fue elogiado por primera vez por el poeta cortesano Bernardo Bellincioni por su notable realismo y el sentido de vitalidad de la modelo: «Parece que esté escuchando». Logra también este efecto mediante un sofisticado sistema de luz y color que se puede observar igualmente en *La Virgen de las Rocas* (*véase* página 122). Al crear áreas de luz directa y luz reflejada de diferentes intensidades, la obra puede considerarse como la expresión visual de algunos de los preceptos de Leonardo en su *Tratado de la pintura*. La sutil gradación de luz a sombra en el rostro, hombros y mano del modelo, de las áreas de iluminación directa a las que se van haciendo más oscuras y que reciben una luz oblicua, crea una notable sensación de tridimensionalidad.

De un modo semejante, la incidencia de la luz sobre el suave pelaje del armiño produce un maravilloso efecto de modulación tonal y de casi una disolución de la forma en las áreas más oscuras, en tanto que las áreas más iluminadas arrojan una luz secundaria sobre la parte inferior de la mano de la modelo. A partir de estos atributos estilísticos, y la identificación de la modelo como Cecilia Gallerani, una amante de Ludovico Sforza, se puede datar este retrato hacia 1489-1490. Presenta, además, varios niveles de significado simbólico que debieron de ser muy apreciados en el contexto cortesano al que iba destinada la obra. De acuerdo con los bestiarios medievales y las anotaciones del propio Leonardo en sus cuadernos, el armiño representa la pureza y la moderación, de manera que Da Vinci estaría transfiriendo estas virtudes a Cecilia. Dado que el nombre griego del armiño es *galée*, el animal podría ser un retruécano sobre su apellido. También puede hacer alusión a Ludovico, que había recibido la Orden del Armiño en 1488 y al que Bellincioni hace referencia como el «armiño blanco». Objeto de gran consideración, el cuadro fue enviado a Isabel de Este, marquesa de Mantua, para compararlo con obras de Giovanni Bellini, y es muy probable que influyera en su decisión de encargar su retrato a Leonardo.

***Juliana Barone***

# GEOMETRÍA PLANA

## la teoría en 30 segundos

**ESQUEMA EN 3 SEGUNDOS**
«No permitáis la lectura de los elementos de mi obra a quien no sea matemático»: estas palabras de Leonardo muestran la importancia que concedía a las matemáticas, sobre todo a la geometría.

**OBRA MAESTRA EN 3 MINUTOS**
Los estudios de Da Vinci sobre la geometría tuvieron continuidad en sus demás áreas de interés. En la de las máquinas de guerra, calculó la trayectoria parabólica de los proyectiles tomando en consideración la resistencia del aire, y en anatomía hizo el análisis geométrico de una válvula cardiaca. En arquitectura, determinó sistemáticamente las simetrías de las iglesias poligonales, lo que demuestra que tenía un completo dominio de todas las posibilidades.

Los cuadernos de Leonardo revelan un conocimiento profundo de los *Elementos* de Euclides, muchos de cuyos teoremas aparecen ilustrados en sus notas. Algunas de sus propias aportaciones incluyen una demostración del teorema de Pitágoras (una de los cientos de demostraciones de dicho teorema). Además, si bien la mayoría de las construcciones de un ángulo de 15° son bastante complicadas, Leonardo encontró el modo de hacerlo sencillamente, con un compás «oxidado», es decir, de abertura fija. Diseñó también un nuevo método para trazar elipses utilizando un perfil triangular: si el triángulo se mueve de modo que un vértice se desplace por una línea vertical y otro vértice esté siempre sobre la horizontal, el tercer vértice describe una elipse. Da Vinci se interesó por la transformación de un cuerpo en otro sin adición o sustracción de material, lo que constituyó la base de su libro *Sobre la transformación*. La cuadratura del círculo es un ejemplo perfecto de este concepto. También corrigió la errónea versión de Arquímedes para la determinación del centro de gravedad de un trapezoide (cuadrilátero sin lados paralelos). Por último, su octógono estrellado contiene las razones que constituyen un «Modulor», es decir, una serie de proporciones que asegura la repetición de formas similares cuando se utiliza como herramienta para las proporciones arquitectónicas.

**TEMAS RELACIONADOS**
*Véase* también
GEOMETRÍA DEL ESPACIO
página 50

ARQUITECTURA RELIGIOSA
página 80

**MINIBIOGRAFÍAS**
PITÁGORAS
h. 580–500 a. C.
Filósofo y geómetra griego, uno de los más grandes matemáticos de su tiempo.

EUCLIDES
h. 300 a. C.
Geómetra, astrónomo y físico griego. Sus *Elementos* constituyen la obra matemática que ha mantenido su vigencia durante más tiempo.

**TEXTO EN 30 SEGUNDOS**
Paul Calter

***Los bosquejos de Leonardo de iglesias poligonales muestran su dominio absoluto de las simetrías central y axial.***

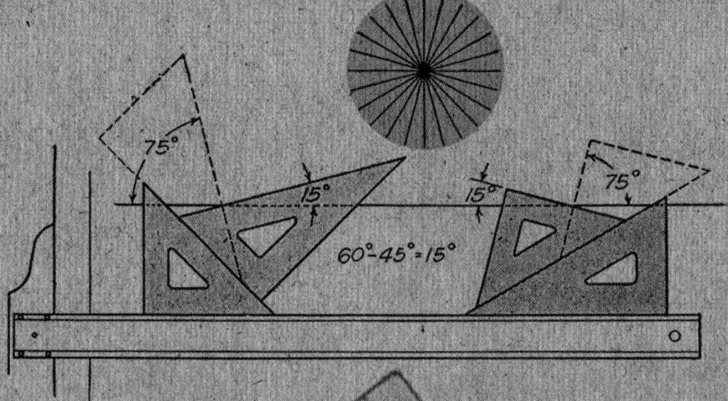
75°
15°
60°-45°=15°
15°
75°

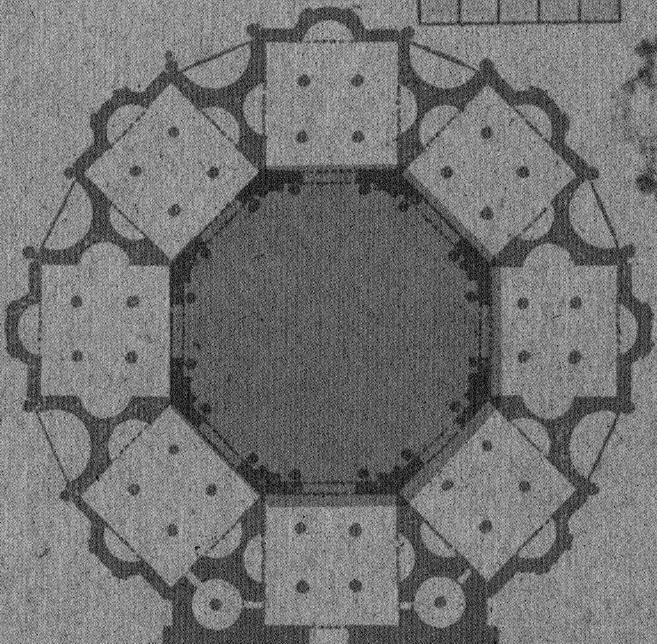

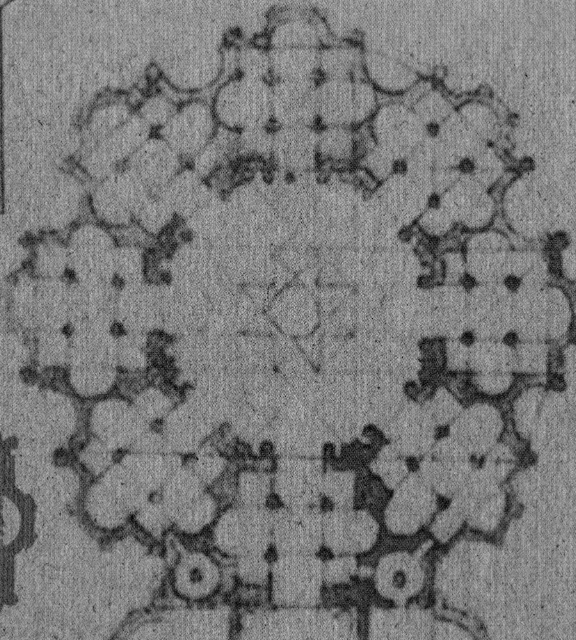

# LA CUADRATURA DEL CÍRCULO

## la teoría en 30 segundos

Se puede afirmar, con razón, que el interés de Leonardo por la cuadratura del círculo está relacionado con su dibujo del *Hombre de Vitruvio*, cuyos brazos y piernas extendidos pueden inscribirse tanto en un cuadrado como en un círculo. Da Vinci se inspiró en los hallazgos de Hipócrates, que establecían que se puede cuadrar el área de un cuarto creciente de luna, es decir, que se puede dibujar un cuadrado cuya área sea exactamente la de aquel. Ahora bien, si se puede cuadrar un cuarto creciente (figura formada por dos arcos circulares), ¿por qué no se puede hacer con un círculo (formado por un solo arco circular)? Numerosas páginas de los manuscritos de Leonardo están llenas de diagramas que muestran el área de cuartos crecientes, segmentos y sectores de círculos, triángulos con los vértices truncados y rosetas. Diseñó una técnica triangular para cuadrar el círculo. Utilizó también el método de situar un polígono regular en el círculo y subdividir después las áreas entre el círculo y un lado del polígono. Incluso empezó un libro, *De ludo geometrico*, con una recopilación de entretenimientos relacionados con dichas figuras. Leonardo se mostró exultante cuando creyó haber resuelto el famoso problema, pero su solución resulto ser incorrecta; de hecho, mucho más tarde se demostró que no existe solución.

**ESQUEMA EN 3 SEGUNDOS**

Un problema que cautivó a Leonardo fue cuadrar el círculo, es decir, dibujar un cuadrado de la misma área que un círculo dado, utilizando solamente un compás y una regla.

**OBRA MAESTRA EN 3 MINUTOS**

Da Vinci estaba interesado en la construcción de «ecuaciones geométricas» para mostrar la equivalencia entre figuras planas con bordes circulares y otras con lados rectos. Esta es la idea subyacente en su «Ciencia de la equiparación» y su «Libro de ecuación», basadas en la idea de que la naturaleza utiliza siempre la misma cantidad de materia para producir una innumerable variedad de formas.

**TEMA RELACIONADO**

*Véase* también
PROPORCIONES GEOMÉTRICAS
página 42

**MINIBIOGRAFÍAS**

HIPÓCRATES
h. 460–h. 370 a. C.
Matemático y físico griego que fue el primero en escribir un libro de texto de geometría organizado de forma sistemática.

MARCOS VITRUVIOS POLLIO
h. 80-70–15 a. C.
Arquitecto e ingeniero romano, autor de *De Architectura*.

**TEXTO EN 30 SEGUNDOS**

Paul Calter

***En el* Hombre de Vitruvio*, basado en las correlaciones de las proporciones humanas con la geometría, pudo haber influido Francesco di Giorgio, un contemporáneo de Leonardo, que utilizó las proporciones humanas en su tratado de arquitectura.***

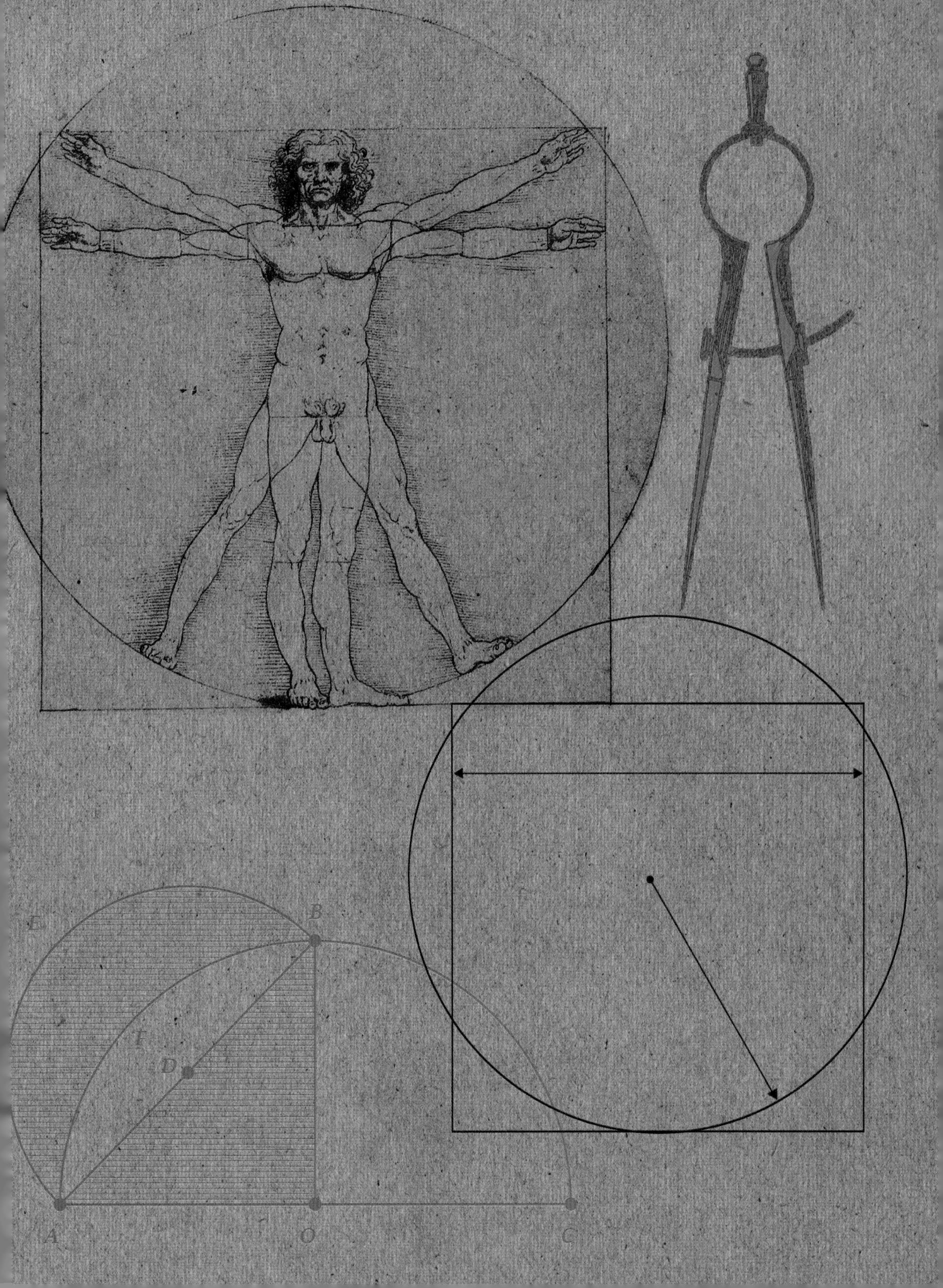
E
B
I
D
A
O
C

# GEOMETRÍA DEL ESPACIO

## la teoría en 30 segundos

En sus dibujos, Leonardo da Vinci mostró cómo transformar cuatro de los sólidos platónicos (el tetraedro, el octaedro, el dodecaedro y el icosaedro) en el quinto, el cubo, del mismo volumen. También demostró que todas las pirámides con idéntica base y altura tienen el mismo volumen. Asimismo, amplió su método para determinar el centro de gravedad de un trapezoide con el fin de determinar el centro de gravedad de un tetraedro (una pirámide de base triangular). En concreto, definió que se encuentra a un cuarto desde la base sobre la línea que une el centroide de la base con su vértice opuesto. Buscó también un método para duplicar el cubo, resolviendo el llamado «problema de Delfos» (partiendo de un cubo de un determinado lado, el objetivo es establecer con la ayuda tan solo de la regla y el compás el lado de otro cubo que tenga el doble de volumen que el primero). En su dibujo de los sólidos platónicos para el libro de Luca Pacioli *De divina proportione*, aparte de los citados sólidos platónicos, representa también algunos de los sólidos arquimedianos (obtenidos truncando los vértices de los sólidos platónicos), así como algunos sólidos estrellados (en los que las caras adyacentes se extienden hasta que se encuentran en un punto).

**ESQUEMA EN 3 SEGUNDOS**

La habilidad única de Leonardo para visualizar y manipular las formas geométricas de un modo concreto fue de gran ayuda en sus estudios de los cuerpos sólidos.

**OBRA MAESTRA EN 3 MINUTOS**

Da Vinci realizó 60 dibujos de sólidos para el libro de Pacioli *De divina proportione*. Con frecuencia representa el mismo poliedro en sus formas maciza y hueca, marcadas con los nombres *solidus* y *vacuus*. Para las figuras huecas ideó un nuevo e ingenioso sistema de representación geométrica utilizando «aristas sólidas», que permite ver cuales están en el frente y cuáles en la parte posterior de la representación, algo que resulta confuso en un simple dibujo lineal.

**TEMA RELACIONADO**

*Véase* también
PROPORCIONES GEOMÉTRICAS
página 42

**MINIBIOGRAFÍA**

LUCA PACIOLI
h. 1445–1519
Matemático, conferenciante, maestro y prolífico autor italiano. Se le considera el «padre de la contabilidad» por haber inventado el método de la partida doble.

**TEXTO EN 30 SEGUNDOS**

Paul Calter

***Leonardo utilizó su genio artístico para dibujar complejos planteamientos matemáticos. En sus representaciones de los sólidos arquimedianos y estrellados, realizó una vista maciza y una hueca (ilustrada en la página siguiente) en la que se eliminan las caras para mostrar la estructura completa de los poliedros.***

# NUDOS Y ROSETAS

## la teoría en 30 segundos

**ESQUEMA EN 3 SEGUNDOS**
Da Vinci concibió decoraciones basadas en nudos y rosetas, en particular en forma de ramas de árbol, siguiendo un elaborado sistema de patrones de diseños entrelazados semejantes a los utilizados en las artes islámica, celta y bizantina.

**OBRA MAESTRA EN 3 MINUTOS**
La Sala delle Asse en el Castello Sforzesco de Milán está decorada con una ornamentación arbórea de intrincados y elaborados patrones de Leonardo. La pintura de la parte alta de las paredes, que se extiende por todo el techo, es muy rica en elementos decorativos ligados a modelos matemáticos de nudos y motivos entrelazados.

Los adornos, tales como los nudos y las rosetas, son motivos decorativos comunes en las pinturas medievales y renacentistas, pero en modo alguno exclusivos del mundo occidental. Así, se utilizaron en las decoraciones islámicas (arabescos) y su uso estuvo muy extendido (aparecen de manera regular en los diseños celtas y bizantinos, así como en muchas otras ornamentaciones). Se considera que tuvieron distintos significados en las diferentes culturas. En algunas, los diseños que utilizan un solo componente, con frecuencia un motivo circular o en espiral, pueden haber representado la continuidad y la eternidad. La costumbre de Leonardo de incluir en sus láminas adornos, como nudos, rosetas y diseños entrelazados, dibujados con un compás construido especialmente para ello, tiene que interpretarse como una muestra más de su interés por las matemáticas y la geometría. Uno de los problemas con los que se enfrentó toda su vida fue la cuadratura del círculo, tema al que consagró cientos de páginas de sus cuadernos. En lenguaje matemático, un nudo es el encaje de un círculo en un espacio euclidiano tridimensional. Sin embargo, parece que los estudios de Leonardo, incluida su producción de patrones tales como nudos y rosetas, no representaron apreciables avances matemáticos, aunque creó una gran cantidad de bellos y complejos diseños.

**TEMA RELACIONADO**
*Véase* también
LA CUADRATURA DEL CÍRCULO
página 48

**MINIBIOGRAFÍA**
ALBRECHT DÜRER (DURERO)
1471–1528
Artista alemán del Renacimiento que realizó una serie de grabados en madera de modelos de nudos («Seis nudos») como variaciones de un grabado de la Academia de Leonardo da Vinci.

**TEXTO EN 30 SEGUNDOS**
Marina Wallace

***Gracias a su pasión por la experimentación geométrica, Leonardo comprendió que los patrones repetitivos subyacentes en el mundo natural están regidos por principios matemáticos.***

LEONARDI · ACADEMIA ·
VI·CI

# MECÁNICA

## MECÁNICA
GLOSARIO

**cartón de diseño** Término derivado del italiano *cartone*, que significa «gran hoja de papel» y que designa un dibujo de tamaño natural utilizado en la realización de una pintura al fresco o en lienzo. El cartón de diseño se colocaba sobre la superficie final y el dibujo se transfería a la misma perforando las líneas del dibujo con agujeritos y aplicando carbón en polvo sobre ellos para dejar unos puntos negros que delineaban el dibujo sobre la base, proceso denominado en ocasiones como «espolvoreado».

**Códice Atlántico** Es la colección más grande de dibujos de Leonardo y se conserva en la Biblioteca Ambrosiana de Milán. Comprende 1.119 páginas repartidas en 12 volúmenes, con 1.751 dibujos y 100 páginas escritas en la particular escritura especular de derecha a izquierda del genial florentino. Debe su nombre a su gran formato, de 64,5 cm x 43,5 cm, que es el que se utilizaba en los atlas geográficos de la época. Escrito durante sus años más fructíferos, capta el genio de Leonardo en su forma más ecléctica y muestra su legado en los campos de la ciencia, la ingeniería y la invención, y también en las artes plásticas y la literatura. Restaurado cuidadosamente entre 1962 y 1972 por los monjes de la abadía de Santa María de Grottaferrata, cerca de Roma, en la actualidad este manuscrito puede consultarse *online*.

**escape** En su Códice Madrid, Leonardo escribió: «Es costumbre contrarrestar el movimiento violento de las agujas del reloj ocasionado por las pesas mediante ciertos dispositivos denominados "escapes". Regulan el movimiento de acuerdo con la lentitud requerida y la duración de la hora».

**Manuscrito B** Conservado en el Instituto de Francia en París, fue escrito en 1487 y 1489 y es el primer cuaderno encuadernado de Leonardo. Contiene diseños de inventos mecánicos tales como su helicóptero y otras máquinas voladoras, así como un submarino y diversos artilugios de guerra. Está escrito en la escritura especular de derecha a izquierda típica de Leonardo. Aunque en un principio estaba encuadernado, en la actualidad se muestran sus hojas separadas.

**perfil alar** Estructura con superficies curvas que, al desplazarse, crean un flujo de aire más rápido en la parte superior que en la inferior. Esto genera una mayor presión bajo el perfil alar, y la diferencia de presiones produce la sustentación.

**piñón y cremallera** Mecanismo consistente en una rueda dentada (el piñón) que engrana con un dentado recto deslizante. Es un medio efectivo para convertir el movimiento rotatorio en lineal y alternativo, e incluso hoy en día tiene numerosas aplicaciones, como en los limpiaparabrisas de los automóviles.

**tercera ley de Newton** En *Philosophiae Naturalis Principia Mathematica* publicado en 1687, sir Isaac Newton presentó sus tres leyes del movimiento. La tercera, en concreto, establece que «a toda acción se opone una reacción igual y de sentido contrario, o que las fuerzas que dos cuerpos ejercen entre sí son siempre iguales y de sentido contrario».

**tornillo de Arquímedes** Mecanismo de elevación de agua inventado por Arquímedes y que consiste en un tornillo ajustado en el interior de un cilindro inclinado cuya parte inferior está sumergida en el agua. Cuando el tornillo gira, el agua se eleva y fluye por la parte superior del cilindro. Un tornillo de Arquímedes de acción inversa, en el que el agua al fluir por el cilindro hace girar el tornillo, acciona en la actualidad un generador que suministra electricidad al castillo de Windsor en Reino Unido.

**transmisión de rueda de clavijas y jaula** La rueda de clavijas consiste en un disco con clavijas dispuestas radialmente; la jaula consta de dos discos sobre el mismo eje unidos por largas clavijas cilíndricas. Estos dispositivos son fáciles de hacer y constituyen un medio eficiente para transmitir el movimiento rotatorio.

**trinquete** Dispositivo que permite que un mecanismo gire solo en una dirección. Por lo general, contiene una rueda dentada cuyos dientes tienen un perfil especial y un pivote o gatillo (trinquete) que se apoya sobre la rueda dentada. Este se desliza sobre los dientes cuando la rueda gira en una dirección pero detiene el movimiento de los mismos si aquella intenta girar en sentido contrario.

# HELICÓPTERO

## la teoría en 30 segundos

**ESQUEMA EN 3 SEGUNDOS**
Aunque no es un antepasado directo del helicóptero moderno, el tornillo aéreo de Leonardo reivindica el valor de los perfiles alares rotatorios.

**OBRA MAESTRA EN 3 MINUTOS**
«Si este instrumento realizado con un tornillo está bien hecho, es decir, con una tela cuyos poros han sido tapados con almidón, y se hace girar rápidamente, el tornillo describirá una espiral en el aire y se elevará», escribe Leonardo. En realidad, su diseño de un asador movido por una turbina situada en la chimenea fue un concepto más ajustado a la realidad, utilizando un piñón y cremallera para hacer girar la carne.

Aunque normalmente se describe como un helicóptero, el elegante diseño de máquina voladora de Leonardo de 1483 (que aparece en uno de los folios del Manuscrito B) es, en realidad, una versión aérea del tornillo de Arquímedes. En concreto, el diseño es el de un ala de tela tendida sobre un alambre espiral de hierro, soportado por una estructura de madera. Es casi seguro que no se llegó a construir. El número «8» que aparece en el dibujo sugiere que el aparato debería medir 8 brazos. Se considera que esta medida, basada en el brazo humano, tendría unos 66 cm, lo que haría que el tornillo tuviera unos 5,3 m, aunque podía estar entre los 3,6 y los 5,7 m. El dispositivo iba accionado por cuatro pasajeros, que empujarían las barras, que a su vez harían girar el eje central. El ala, al girar, empujaría el aire hacia abajo y produciría un empuje equivalente, lo que hoy sabemos gracias a la tercera ley de Newton. Aunque la máquina nunca hubiera podido volar (el tornillo no es la manera ideal de convertir el movimiento rotatorio en empuje en el aire, y cuatro hombres no hubieran podido proporcionar ni una fracción de la energía requerida para elevarse de esta manera), su bella y emblemática forma es una inspiración para el vuelo accionado por mecanismos rotatorios y permanece como uno de los diseños de Leonardo más conocidos.

**TEMA RELACIONADO**
*Véase* también
PARACAÍDAS
página 62

**MINIBIOGRAFÍAS**

GE HONG
238–343 d. C.
Escritor chino que describe algo similar a un helicóptero.

MIKHAIL LOMONOSOV
1711–1765
Científico ruso que diseñó un prototipo de un aparato volador con un rotor.

PAUL CORNU
1881–1944
Inventor francés que realizó el primer vuelo libre de un helicóptero.

**TEXTO EN 30 SEGUNDOS**
Brian Clegg

***Aunque su tornillo volador nunca despegó, Leonardo, en el transcurso de su vida, avanzó con éxito en el dominio de disciplinas como la ingeniería civil, la óptica y la hidrodinámica.***

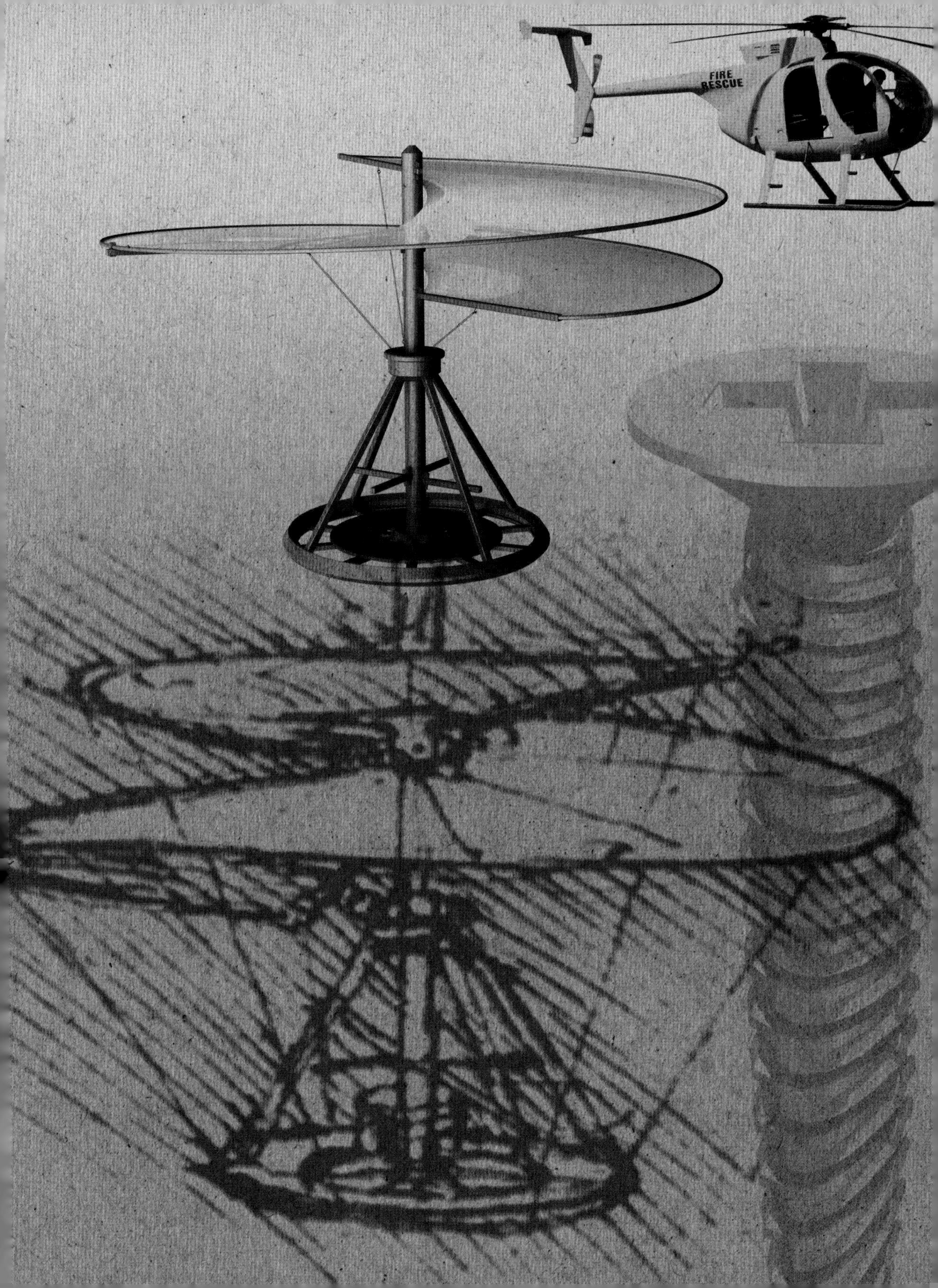
FIRE
RESCUE

# TORNILLOS SIN FIN

## la teoría en 30 segundos

**ESQUEMA EN 3 SEGUNDOS**
Con el diseño de un tornillo sin fin ahusado, Leonardo mejoró la seguridad y la eficiencia en un mecanismo que no sería igualado durante casi tres siglos.

**OBRA MAESTRA EN 3 MINUTOS**
Da Vinci no se ocupó solo del diseño de los tornillos sin fin, sino que pensó también en el modo de fabricarlos. En el Manuscrito B muestra un elegante dispositivo para tallar un largo tornillo sin fin que incluye varios componentes avanzados, tales como dobles barras roscadas para mejorar la estabilidad y poleas guía intercambiables para cambiar el paso de rosca del dentado en el proceso.

Aunque los engranajes no tienen el atractivo que posee un vehículo programable autopropulsado, desempeñaron un papel determinante en el éxito de la Revolución industrial, y en ese sentido Leonardo fue un pionero en su utilización, al hacerlos aparecer profusamente en sus manuscritos. Algunas veces utilizó transmisiones de rueda de clavijas y jaula, pero fue muy sofisticado en el uso de las transmisiones mediante tornillos sin fin. Estos dispositivos emplean una larga barra roscada (tornillo sin fin) que, acoplada a una rueda dentada (corona), permite cambiar la dirección del movimiento en 90°. Ya existían desde hacía tiempo, pero Leonardo señala que la corona necesita de un mecanismo de trinquete para evitar que gire en sentido opuesto en caso de que se rompa el único diente en contacto de la barra roscada: «Los tornillos sin fin que tienen un solo diente en contacto con la corona serían causa de grandes daños y destrucción en caso de rotura de dicho diente». El diseño de Da Vinci utiliza un tornillo con un diámetro que se va reduciendo hacia su parte central, de modo que entra en contacto simultáneo con varios dientes de la corona, lo que evita el uso del trinquete. Este mecanismo fue reinventado por el relojero inglés Henry Hindley y algunos libros de tecnología le atribuyen su invención, a pesar de que fue el genial florentino quien lo hizo tres siglos antes. Leonardo diseñó también un poderoso cabrestante doble para elevar objetos pesados, provisto de dos largos tornillos sin fin.

**TEMAS RELACIONADOS**
*Véase* también
SIERRA HIDRÁULICA
página 66

VEHÍCULO AUTOPROPULSADO
página 72

TANQUE
página 102

**MINIBIOGRAFÍAS**
ARQUÍMEDES
h. 287-212 a. C.
Diseñó un odómetro y un planetario que habrían necesitado engranajes para su construcción.

HERÓN DE ALEJANDRÍA
h. 10-70 d. C.
Primera descripción escrita del uso de un engranaje, aunque se emplearon por lo menos tres siglos antes.

**TEXTO EN 30 SEGUNDOS**
Brian Clegg

***Los muchos dibujos técnicos en los cuadernos de Leonardo dan fe de su enorme interés por los dispositivos mecánicos, cada vez más a costa de su dedicación al arte.***

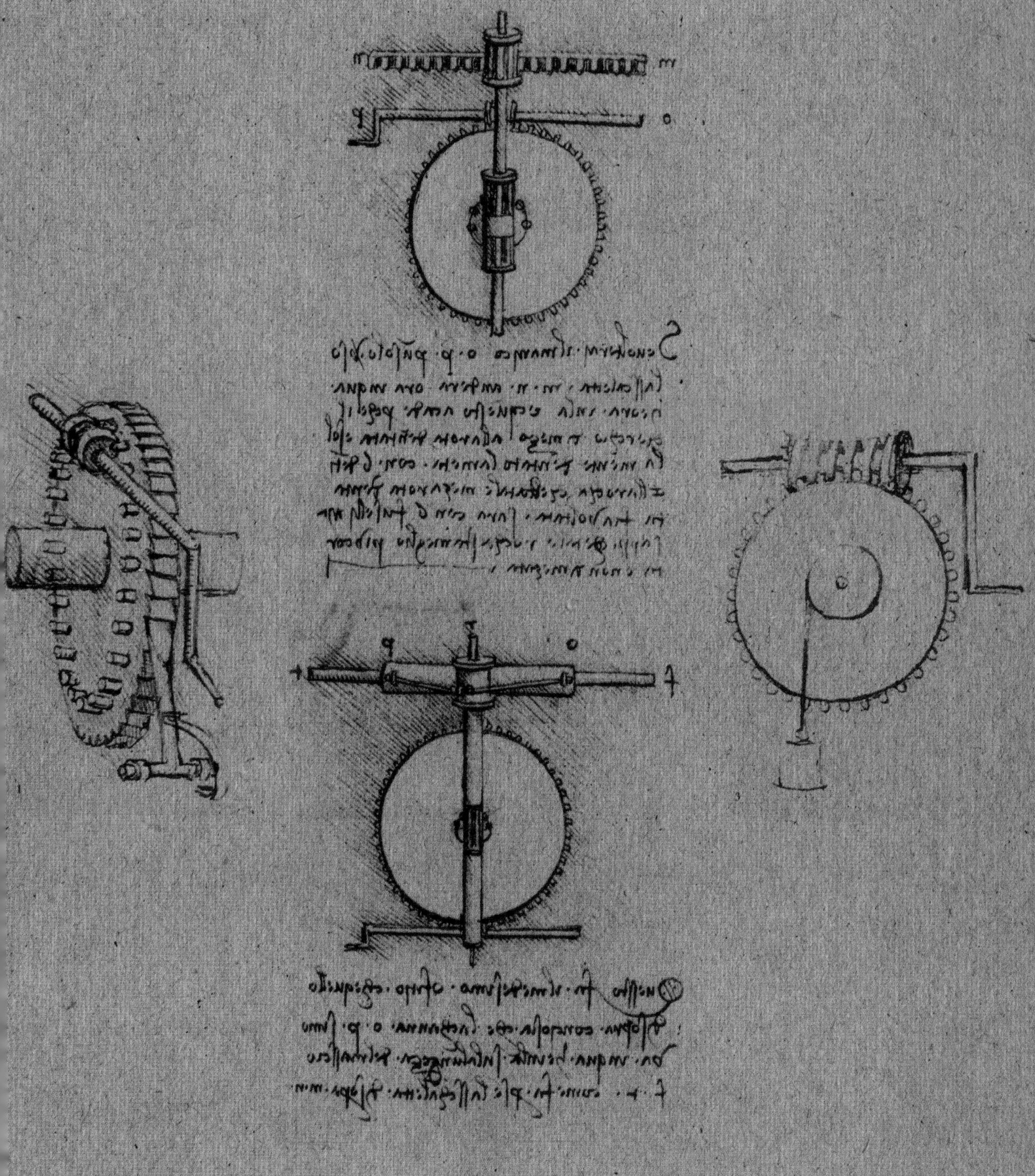

# PARACAÍDAS

## la teoría en 30 segundos

### ESQUEMA EN 3 SEGUNDOS

El paracaídas de Leonardo, diseñado de modo que «un hombre puede saltar desde cualquier gran altura sin riesgos», muestra un proyecto práctico que realmente podía funcionar.

### OBRA MAESTRA EN 3 MINUTOS

El diseño lo ha probado en la práctica el paracaidista deportivo Adrian Nicholas que, en 2000, saltó desde un globo a una altura de unos 3.000 m. Comprobó que el diseño era efectivo y proporcionaba una bajada más tranquila que un paracaídas moderno, pero el peso de la estructura y la tela (característica común a todos los paracaídas antiguos), de unos 85 kg, podía poner en peligro al pasajero en el aterrizaje, de ahí que Nicholas pasara a utilizar un paracaídas moderno en la fase final del descenso.

Leonardo da Vinci es autor de una serie de diseños de máquinas voladoras, muchos de ellos con mecanismos complejos para intentar reproducir los movimientos de las alas de los pájaros. Sin embargo, lo más práctico fue el proyecto más sencillo del Códice Atlántico. Se trata de un paracaídas, consistente en un gran lienzo que se mantiene abierto sujeto a una estructura piramidal de varas de madera. Aunque el boceto de Leonardo sugiere que el paracaídas tiene una altura semejante a la de un hombre, las notas indican que las pértigas de la estructura tienen 7 m de longitud. Aunque no es el primer diseño de este género (en un manuscrito italiano unos diez años más antiguo existe una descripción de un paracaídas cónico de tela y madera destinado a escapar de un edificio en llamas), el del florentino es el primero que se podría llevar a la práctica. Es interesante el hecho de que Leonardo describe el paracaídas como una «tienda» (quien haya intentado montar una en medio de un fuerte viento entenderá fácilmente la idea de que dicha experiencia bien podría haber sido la inspiración para este diseño). El aspecto menos convincente del paracaídas es que no tiene ningún arnés: el pasajero va colgado de sus brazos extendidos, precariamente agarrado a las cuerdas fijadas a la estructura. Es posible que esto se deba a que el original es un simple bosquejo, lejos de los más complejos diseños de Da Vinci. De hecho, es probable que hubiera añadido algún tipo de arnés de haber realizado un proyecto más detallado.

### TEMA RELACIONADO

*Véase* también
HELICÓPTERO
página 58

### MINIBIOGRAFÍAS

FAUSTO VERANZIO
1551–1617
Diseñó un paracaídas mejorado a partir de la ilustración de Leonardo y se dice que lo probó.

LOUIS-SÉBASTIEN LENORMAND
1757–1837
Inventor francés que acuñó el término «paracaídas».

JEAN-PIERRE BLANCHARD
1753–1809
Inventó el paracaídas de seda, sin estructura y plegable.

### TEXTO EN 30 SEGUNDOS

Brian Clegg

***Diversas pruebas realizadas en el siglo XX utilizando modernos materiales ligeros confirmaron que el diseño original de Leonardo podía llevar con seguridad una persona a tierra, pero sujeta al capricho del viento.***

# LA VIRGEN Y EL NIÑO CON SANTA ANA Y EL JOVEN JUAN BAUTISTA

Este dibujo a gran escala (cartón de diseño), una de las obras más bellas de Leonardo, que se conserva en la London's National Gallery, es también uno de los ejemplos más logrados de su técnica del claroscuro y de sus ideas sobre el movimiento y las emociones. Al bosquejar los contornos principales de las figuras sobre papel marrón y darles forma gradualmente con tizas blanca y negra, definió al mismo tiempo las formas y ajustó las poses mediante el uso de efectos pictóricos. Su extraordinaria fusión de luz y sombra logra magistralmente tanto el dinamismo de los movimientos de giro como la interacción de las figuras gracias a la expresión de los rostros. Esta obra mantuvo ocupado a Leonardo unos 17 años (de 1501 a 1518, aproximadamente). No se sabe si empezó a trabajar en santa Ana por iniciativa propia, como demostración de su capacidad artística a su llegada a Florencia, o si fue un encargo de la Orden de frailes siervos de María, en cuya casa estaba alojado. Es posible que el patrocinio del rey Luis XII, en 1507, motivara algunas revisiones en la composición. Es también muy probable que el cartón de diseño de la National Gallery se pueda datar sobre esa fecha, ya que presenta una composición diferente a una anterior, que se ha perdido, pero que fue descrita por Pietro da Novellara en 1501. La diferencia ente ambas obras es la presencia (o ausencia) del cordero y la orientación de la composición hacia la izquierda (o la derecha). En la de la National Gallery, el cordero es reemplazado por san Juan Bautista, a quien Cristo bendice, en tanto que María, sentada en el regazo de santa Ana, vuelve la vista a la derecha siguiendo el movimiento de giro de su hijo. Aunque Leonardo nunca lo utilizó para una pintura, el cartón de diseño estuvo disponible en Milán a inicios del siglo XVI y fue copiado con esmero por ayudantes de taller y seguidores del maestro. Por su parte, su cuadro *Santa Ana*, que se halla en la actualidad en el Louvre, muestra muchas semejanzas con el cartón de diseño de 1501, aunque parece que esta obra fue iniciada unos pocos años más tarde y retocada hasta los últimos años de vida de su autor. Las variaciones en la composición de Leonardo y sus revisiones son propias de su característico proceso creativo, en el que el método de «tormenta de ideas» con anotaciones sobre el papel le abrió un amplio abanico de posibilidades que utilizó continuamente en una secuencia no lineal, lo que llevó a composiciones «acabadas» dependientes unas de otras. El cartón de diseño de la National Gallery aparece en un momento decisivo de consolidación del pensamiento de Leonardo y constituye uno de los ejemplos más esplendorosos de un cartón de diseño del Renacimiento «bien acabado» (*ben finito cartone*).

***Juliana Barone***

# SIERRA HIDRÁULICA

## la teoría en 30 segundos

Los diseños de sierras hidráulicas en el Códice Atlántico no están entre las ideas más originales de Leonardo da Vinci, pero proporcionan una buena comprensión del modo en el que se inspiró para trabajos posteriores mucho más singulares. Mueve la sierra un flujo de agua que discurre por un canal de madera y que acciona una rueda hidráulica con palas en forma de caja. El mecanismo convierte el movimiento rotatorio de la rueda en un movimiento alternativo, que mueve verticalmente la hoja de la sierra. También genera un tiro constante de un carro mediante una serie de poleas. Este carro con ruedas soporta la pieza de madera que se debe cortar, que se mueve lentamente hacia el dispositivo. Las sierras de este tipo se empezaban a utilizar en la época en que Leonardo hizo este dibujo, a finales de la década de 1470, y aunque su diseño pueda tener algunas características originales, es probable que se basara en sierras o diseños ya existentes. Esto parece reflejarse en la manera en que se han dibujado las imágenes, con un estilo mucho más elaborado que el habitual de Da Vinci. La misma página tiene también algunas imágenes copia de los torniquetes utilizados por los arquitectos de la época, lo que hace pensar en un joven Leonardo acopiando ideas e información como base para sus futuros inventos.

**ESQUEMA EN 3 SEGUNDOS**

La sierra hidráulica muestra un diseño sencillo pero ingenioso para aprovechar el movimiento rotatorio de la rueda hidráulica a fin de accionar al mismo tiempo la sierra y el carro con la madera que se debe cortar.

**OBRA MAESTRA EN 3 MINUTOS**

Las anotaciones en el dibujo de la sierra muestran una interesante diferencia con la mayor parte de los trabajos de Leonardo. La inscripción «*Vuole essere più lungo di tutto*» (más o menos, «todo quiere ser más largo») no está en la escritura especular habitual del florentino, sino de izquierda a derecha, a la manera convencional. Esto sugiere que no era para su propio uso, sino para que lo leyera otra persona a alguien, o simplemente que la anotación no fue hecha por Leonardo.

**TEMAS RELACIONADOS**

*Véase* también
VEHÍCULO AUTOPROPULSADO
página 72

TANQUE
página 102

**MINIBIOGRAFÍAS**

AUSONIO
h. 310-395 d. C.
Poeta romano que hace referencia al sonido de una sierra (probablemente hidráulica) al cortar mármol.

VILLARD DE HONNECOURT
1250
Autor de un bosquejo de una sierra accionada hidráulicamente.

ALBERT KAUFMANN
1946
Sustituyó la aguja de la máquina de coser de su esposa para inventar la sierra de calar, de movimiento alternativo como la de Leonardo.

**TEXTO EN 30 SEGUNDOS**

Brian Clegg

***Los diseños de sierras de Leonardo, maestro de los principios mecánicos, enriquecieron la tradición secular de dominar la fuerza del agua.***

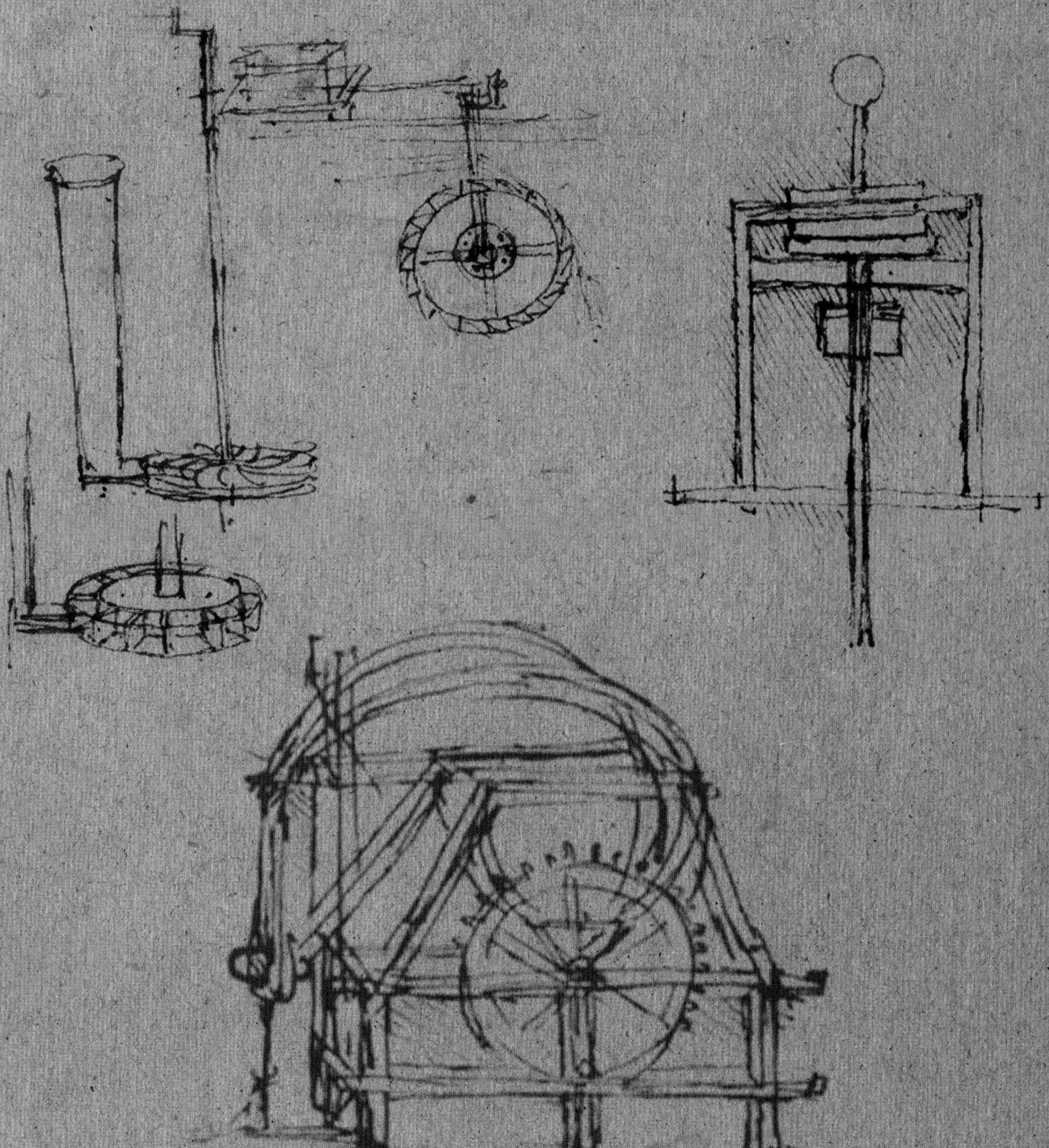

# VIOLA ORGANISTA

## la teoría en 30 segundos

Datada en la década de 1490, la viola organista de Leonardo es un instrumento portátil de teclado (anterior, por tanto al Geigenwerk de 1575). Sus dibujos, que forman parte del Códice Atlántico, muestran el detalle de muchas de las partes de este original e ingenioso instrumento. Una varilla que baja desde el cuerpo del mismo se fija a una pierna del intérprete. Cuando este camina, la varilla mantiene en movimiento un volante de inercia en el interior del mecanismo que acciona una cinta de crines de caballo, que reemplaza el arco de los instrumentos de cuerda. Cuando el intérprete pulsa una tecla del teclado de tres octavas del instrumento montado en la parte superior, aquella empuja la cuerda que debe sonar contra el «arco». El efecto es el inverso al de los instrumentos convencionales, en los que es el arco el que se presiona sobre las cuerdas para producir el sonido. Se podían modificar el tono y el volumen cambiando la presión ejercida sobre la tecla. La idea de producir un sonido utilizando un «arco» en constante movimiento ya se había materializado en la zanfonía, que se parece más a un instrumento de cuerda convencional, pero que tiene una rueda giratoria que actúa como arco. Sin embargo, Leonardo modificó este concepto, tanto en el modo en que se accionaba como en el teclado, mucho más amplio, para crear un nuevo tipo de instrumento desconocido hasta entonces.

**ESQUEMA EN 3 SEGUNDOS**
Mediante la combinación de un instrumento de cuerda de arco y un teclado, Leonardo creó una versátil orquesta de cuerda portátil.

**OBRA MAESTRA EN 3 MINUTOS**
Una parte del atractivo del diseño de Da Vinci es el modo en que ahonda en los pequeños detalles en sus intrincados dibujos. Para la viola organista, no solo profundiza en una detallada construcción mecánica del instrumento, sino que la acompaña con varias ilustraciones de cómo se debe fijar el instrumento al cuerpo del intérprete, dejando las manos libres para accionar el teclado.

**TEMA RELACIONADO**
*Véase* también
TORNILLOS SIN FIN
página 60

**MINIBIOGRAFÍAS**
HANS HAIDEN
h. 1540–1613
Construyó el primer verdadero instrumento de cuerda con teclado como el de Leonardo, denominado Geigenwerk.

AKIO OBUCHI
1969–
Productor japonés de teclados que ha fabricado una serie de instrumentos del tipo Geigenwerk desde la década de 1990.

**TEXTO EN 30 SEGUNDOS**
Brian Clegg

***Pragmático e inventor, Leonardo tomó en consideración tanto las necesidades del intérprete como el sonido del instrumento.***

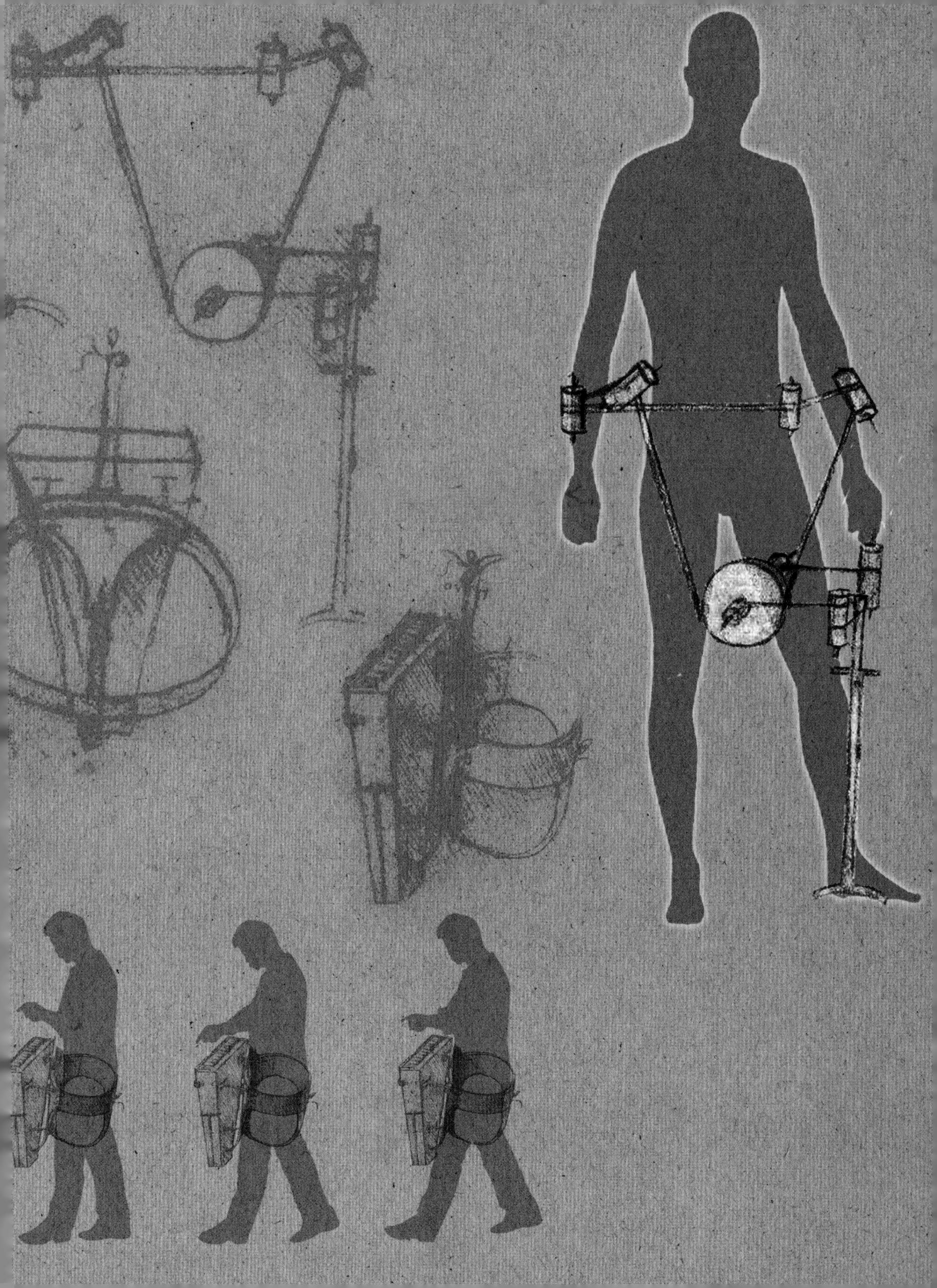

# TRAJE DE BUZO

## la teoría en 30 segundos

Los inventos de Leonardo resultan tanto más notables cuando muestran su gran diversidad de ideas. Esto se hace evidente si se considera algo tan práctico y original como su traje de buzo. Normalmente no se considera como mecánico nada relativo al vestido, pero este es, realmente, un dispositivo para respirar debajo del agua, en el que el genial florentino tuvo en cuenta las necesidades de un buceador y diseñó un aparato para satisfacerlas. El aire se envía bajo la superficie mediante tubos de bambú unidos con piel de cerdo, que alimentan una máscara facial de piel provista de lentes de vidrio. En la superficie se encuentra un flotador en forma de campana que mantiene las entradas de aire sobre el nivel del agua. Los tubos pueden parecer un tanto burdos, pero hay que tener en cuenta que, antes de la aparición de la escafandra autónoma, el buceo implicaba un casco unido a la superficie mediante tubos. En una variante más avanzada de su diseño, Leonardo se acercó más a los equipos de buceo autónomo al incorporar un odre como depósito de aire. En esa época, Da Vinci se había establecido en Venecia, que se hallaba bajo la amenaza de la flota turca, y diseñó sus trajes con la intención de permitir a los defensores de la ciudad atacar a las naves invasoras agujereando sus cascos bajo la línea de flotación: «Conociendo la maldad que hay en los corazones de los hombres, aprenderán el modo de matar a otros hombres en el fondo del mar».

**ESQUEMA EN 3 SEGUNDOS**
Leonardo diseñó una escafandra y un prototipo de buceo autónomo con la intención de utilizarlos en Venecia en la defensa contra los ataques navales.

**OBRA MAESTRA EN 3 MINUTOS**
Algunos de los proyectos de Leonardo, aunque parecen viables, no se pueden llevar a la práctica, como sus máquinas voladoras con alas de pájaro o el helicóptero. Pero el traje de buzo no solo es práctico (la buceadora Jacquie Cozens probó una versión del mismo), sino que incorporó ideas muy avanzadas, como el uso de anillos de acero en los tubos de aire para evitar que estos se aplastaran con la presión y, en un segundo diseño, la incorporación de un recipiente para la orina que permitiría al buceador permanecer bajo el agua largos períodos de tiempo.

**TEMAS RELACIONADOS**
*Véase* también
LA GUERRA NAVAL
página 108

EL AGUA
página 128

**MINIBIOGRAFÍAS**
ARISTÓTELES
384–322 a. C.
Mencionó el uso de un «caldero» invertido, introducido en el agua como una especie de campana de buceo.

JOHN LETHBRIDGE
1675–1759
Construyó el que está considerado por muchos como el primer aparato de buceo.

JACQUES-YVES COUSTEAU
1910–1997
Popularizó el buceo y fue uno de los inventores de la escafandra autónoma.

**TEXTO EN 30 SEGUNDOS**
Brian Clegg

***Entre todos los inventos de Leonardo relacionados con el agua, pocos fueron tan avanzados como su equipo de respiración subacuática.***

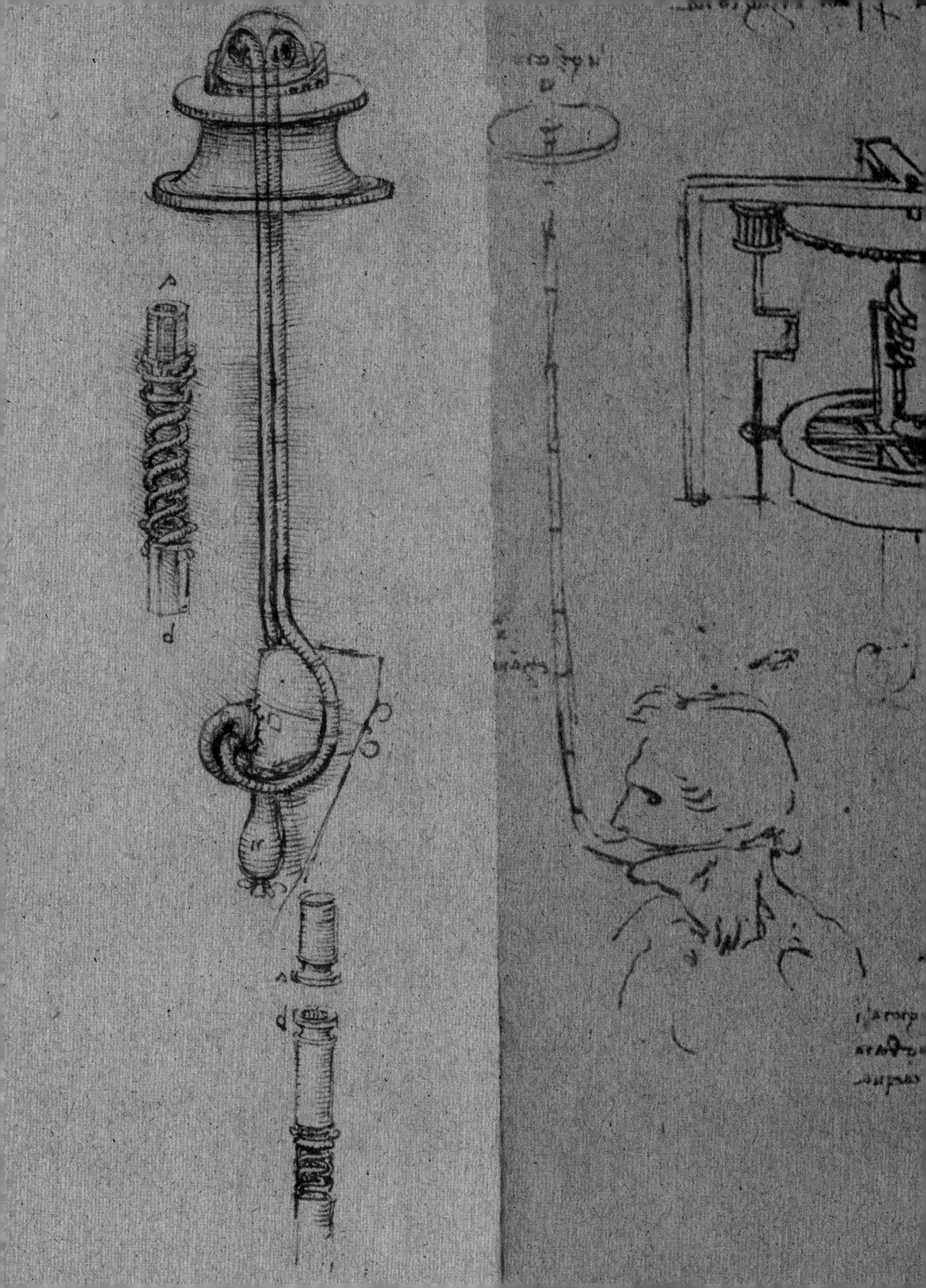

# VEHÍCULO AUTOPROPULSADO

## la teoría en 30 segundos

Descrito no pocas veces como un «automóvil», el diseño de Leonardo da Vinci de un vehículo autopropulsado, de hacia 1478 y que se encuentra en el Códice Atlántico, parece el de un inmenso reloj. Dos grandes muelles arrollados proporcionan la fuerza motriz (la complicación añadida por el segundo muelle reconoce la necesidad de maximizar la fuerza que permita superar las limitaciones de la relativamente basta transmisión). Los dos muelles están arrollados en direcciones opuestas y alojados en tambores de madera, con sus extremos unidos a engranajes interconectados. La fuerza se transmite por una serie de levas que accionan un elemento de transmisión en forma de jaula. La mayor semejanza con un reloj reside en la manera en que la potencia se transmite a las ruedas tractoras mediante un mecanismo de escape. Esto permite una entrega de potencia más controlada, un diente cada vez, lo que suaviza la tendencia natural de los muelles a debilitarse cuando se expanden. El vehículo de tres ruedas, probablemente diseñado para tener 1,5 m de lado, se guíaba mediante una sola rueda anterior que se podía programar de una manera bastante tosca (pensada para girar solo a la derecha) con una serie de bloques de madera colocados entre los engranajes, lo que permitía guiarlo sin un conductor humano. Este extremo parece corroborarlo la existencia de lo que aparenta ser un freno que puede ser operado por control remoto, manteniendo los muelles bajo tensión hasta que se suelta el freno tirando de una cuerda o cable.

**ESQUEMA EN 3 SEGUNDOS**

No está demostrado que se construyera, pero la idea de un vehículo autopropulsado y autodirigido fue tan extraordinaria como imaginativa.

**OBRA MAESTRA EN 3 MINUTOS**

Aunque hubo un tiempo en que se consideró que este era el proyecto de un automóvil, el hecho de que se diseñara para ser operado por control remoto sugiere que pudo tener otro tipo de aplicación. Se sabe que Leonardo diseñó escenarios con elementos móviles. Por tanto, es posible que este vehículo fuera concebido como un mecanismo escenográfico.

**TEMAS RELACIONADOS**

*Véase* también
ESPECTACULARES MÁQUINAS DE ASEDIO
página 100

TANQUE
página 102

**MINIBIOGRAFÍAS**

HERÓN DE ALEJANDRÍA
h. 10-70 d. C.
Describió un vehículo autopropulsado por poleas y cuerdas, así como diferentes mecanismos para el teatro.

FRANCESCO DI GIORGIO MARTINI
h. 1439-1502
Arquitecto y pintor que diseñó el «automobile», un vehículo de tracción humana.

FERDINAND VERBIEST
1623-1688
Misionero flamenco en China al que se atribuye un modelo de automóvil accionado con vapor.

**TEXTO EN 30 SEGUNDOS**

Brian Clegg

***Los bosquejos de Leonardo para un vehículo con frenos y posibilidades de autoguiado son, para muchos, el precedente del primer robot de la historia.***

152

# INGENIERÍA CIVIL

## INGENIERÍA CIVIL
GLOSARIO

**canalización** Conversión de un río o corriente de agua natural en un canal artificial continuo navegable o adecuado para la irrigación y el desagüe, mediante vertederos, represas y esclusas.

**cartografía** El arte, técnica o práctica de compilar o dibujar mapas geográficos o cartas náuticas. Para conseguir el mecenazgo de César Borgia, Da Vinci dibujó un plano de Imola en 1502, para lo que midió personalmente las distancias a pasos a fin de conseguir medidas exactas y una precisa ubicación de las calles y los campos alrededor de la ciudad. Aunque los mapas ya existían desde los tiempos babilónicos, eran pocos e imprecisos, y el nuevo enfoque científico de Leonardo para hacer mapas impresionó de tal modo a César Borgia que lo contrató como su ingeniero militar y arquitecto en jefe.

**Códice Arundel** Conjunto de páginas sobre temas diversos y de distintas fechas, que en la actualidad se presenta con las páginas sueltas. Datadas en su mayor parte en 1508, están escritas en italiano por el propio Leonardo con su característica escritura especular de derecha a izquierda. El Códice Arundel incluye diagramas, dibujos y breves textos que abarcan una amplia gama de temas científicos y artísticos, así como notas personales. Fue adquirido por el político y coleccionista de arte Thomas Howard (1585–1646), segundo conde de Arundel, presentado a la Royal Society por su hijo Henry Howard y adquirido, por último, por la British Library. En la actualidad puede consultarse *online* como manuscrito digitalizado.

**fundición a la cera perdida** Procedimiento escultórico para obtener figuras de metal, generalmente de bronce, que data de miles de años (se empleaba ya en el antiguo Egipto) y que a día de hoy sigue siendo el mejor método para captar los más mínimos detalles en objetos metálicos. En primer lugar, se crea la obra de arte, que se modela, tradicionalmente, con cera de abeja. Se prepara después un molde de dos piezas con arcilla húmeda sobre el modelo y, extraído este, se llena de cera líquida, con lo que se obtiene una reproducción en positivo prácticamente idéntica al modelo original. Este se sumerge repetidas veces en arcilla líquida para conseguir el molde final, que se mete en un horno para endurecerlo. La cera se funde y fluye fuera del molde. A continuación, se vierte el bronce fundido en el molde que, una vez enfriado, debe destruirse con cuidado dejando una copia exacta de la obra de arte original.

**Panteón** Palabra que deriva de los términos griegos *pan* («todo») y *theos* («dios»), con la que se designa a un edificio consagrado a todos los dioses romanos que fue construido por el emperador Adriano en el lugar del templo original de Agripa, donde, según la leyenda, muerto Rómulo, el fundador de Roma, su cuerpo fue tomado por un águila que lo llevó junto a los dioses. Considerado como el mayor logro arquitectónico romano, con la mayor cúpula del mundo hasta el siglo XV, es todavía la mayor cúpula de hormigón sin armar jamás construida. Su armoniosa apariencia, debida a su precisa simetría (su diámetro es exactamente igual a su altura interior), hizo que Miguel Ángel la calificara como «un trabajo de ángeles, no de hombres».

**pontones** En su Códice Atlántico, Leonardo describe un puente flotante consistente en una pasarela de madera montada sobre seis botes de fondo plano (pontones) que pivota sobre un eje vertical fijo en la orilla del río para permitir abrir y cerrar el puente. Se utiliza un cabrestante para cerrarlo y alojarlo en un escote de la orilla del río, en tanto que el flujo de la corriente lo abre al arrastrar los pontones en dirección río abajo.

**simetría cuatripartita** Un diseño que divide un cuadrado o un rectángulo por sus dos ejes primarios en cuatro cuadrantes simétricos iguales.

**tiburio** En la arquitectura medieval, es una torre que se alza en el crucero de la nave principal y el transepto de una iglesia.

**topografía** Palabra derivada de los términos griegos *topos* («lugar») y *grapho* («escribir») que define la representación gráfica en un mapa de las características superficiales de un lugar, ciudad o región, con indicación de su configuración superficial (posiciones relativas de sus puntos y sus alturas) para crear una imagen tridimensional.

# LA CIUDAD IDEAL

## la teoría en 30 segundos

Leonardo, al igual que otros ingenieros y arquitectos, concibió ambiciosos planes y construcciones para la ciudad ideal. Hacia 1485, estaba trabajando en un ambicioso proyecto de reurbanización de Milán que incluía un amplio sistema de canales y la construcción de diferentes barrios residenciales y jardines elevados. Parece ser que propuso este diseño de ciudad ideal a Ludovico Sforza como respuesta al brote de una epidemia en Milán en 1485, en uno de sus intentos para conseguir un empleo fijo como ingeniero de la corte. Aunque obtuvo este puesto en 1489, los planes para las canalizaciones y la elevación de la ciudad se quedaron en el papel. Sin embargo, estos planes se debatieron junto con los de los grandes ingenieros civiles de Milán, entre los que se encontraban Filarete y Bramante, así como otros insignes invitados, como Francesco di Giorgio, en 1490. En 1517, la fama de Leonardo como artista e ingeniero le permitió alcanzar una importante posición en la corte de Francisco I, para quien realizó el anteproyecto de dos palacios reales, rodeados de anillos de canales, como centro de una ciudad ideal en Romorantin. El monarca francés le dijo a Benvenuto Cellini que Da Vinci era un «hombre con algunos conocimientos de la literatura latina y griega», un requisito que Francisco I consideraba, probablemente, como necesaria para el arquitecto de un proyecto que había de dar a Romorantin la grandeza de la antigua Roma.

**ESQUEMA EN 3 SEGUNDOS**

Una premisa primordial de la ingeniería civil renacentista fue que lo mejor de una ciudad implicara la integración humanística de los proyectos civiles en el plano de la misma.

**OBRA MAESTRA EN 3 MINUTOS**

A principios de enero de 1517, Leonardo recuperó su experiencia en la reurbanización de Milán cuando se le pidió que desarrollara los planes para un palacio y una canalización ideales de Romorantin (una nueva Roma), que debía convertirse en el centro de una red de canales por toda Francia. Da Vinci incorporó a este proyecto su tratado sobre «escultura, pintura y arquitectura» (que se ha perdido), cientos de estudios de arquitectura y canales, así como las mediciones de las calles, realizadas por Francesco Melzi.

**TEMA RELACIONADO**

*Véase* también
CARTOGRAFÍA Y CANALES
página 82

**MINIBIOGRAFÍA**

FRANCESCO FILARETE (ANTONIO AVERLINO)
1400–1469

El proyecto ideal de Sforzinda, debido a Filarete, y que influyó en el de Leonardo, quedó como modelo para los Sforza, que querían remodelar Milán como la Atenas de Italia.

**TEXTO EN 30 SEGUNDOS**

Matthew Landrus

***Diseñada para ser tanto placentera como higiénica, la ciudad ideal estaba basada en un sistema escalonado de paseos elevados y calles a nivel más bajo que separaba a los residentes de una red de canales dedicada al transporte y a la eliminación de los residuos con el objetivo de prevenir la propagación de las enfermedades contagiosas que asolaban Europa.***

# ARQUITECTURA RELIGIOSA

## la teoría en 30 segundos

Como continuación a sus estudios sobre urbanismo, en sus primeros cuadernos (Manuscrito B, los códices Trivulciano y Atlántico), Leonardo Da Vinci realizó, entre 1487 y 1490, una serie de diseños de iglesias, la mayoría de ellas de planta central. Este período de su obra coincidió con sus dos participaciones en el concurso para la construcción del tiburio de la catedral de Milán. En sus innovadores diseños utilizó columnas triangulares de ladrillo interconectadas sobre una cúpula de ángulo agudo. La mayor parte del empuje o esfuerzo lateral se dirigía hacia abajo sobre bases triangulares y pilares compuestos. Encargó a Bernardo Maggi da Abbiate la construcción de dos maquetas de madera para el concurso, y es posible que hiciera copias de sus dibujos originales para el carpintero, pinchándolos para de ese modo poderlos reproducir. Aunque retiró su maqueta del concurso antes de que este fuera adjudicado a dos arquitectos milaneses, Leonardo compitió con estos excepcionales arquitectos, Donato Bramante y Francesco di Giorgio, en el concurso para el tiburio y en otros proyectos de ingeniería civil. Es probable que las iglesias de planta central del Manuscrito B influyeran en los proyectos de Bramante para estructuras similares, aunque, a inicios del siglo XV, se desarrollaron ya en Toscana planos básicos para estas iglesias de planta central sobre una base geométrica poligonal y circular.

**ESQUEMA EN 3 SEGUNDOS**

Los movimientos y gestos de los personajes deben ser adecuados a su edad, género y posición en la vida, además de expresar su estado emocional.

**OBRA MAESTRA EN 3 MINUTOS**

Los proyectos de iglesias de Leonardo influyeron en la obra de Bramante. Por ejemplo, el famoso motivo de pared escultural, con el que los edificios se convierten en bloques esculpidos, recuerdan la forma y las hornacinas de los primeros diseños de Da Vinci. En otro de sus proyectos, la altura de la iglesia es igual a su anchura, y la precisión de la simetría cuatripartita se ve solo interrumpida en el pórtico, que recuerda al Panteón (126 d. C.), único edificio considerado perfecto durante el Renacimiento.

**TEMA RELACIONADO**

*Véase* también
PROPORCIONES GEOMÉTRICAS
página 42

**MINIBIOGRAFÍA**

DONATO BRAMANTE
1444–1514

Íntimo amigo de Leonardo en la corte de los Sforza, donde era arquitecto de la misma desde 1476. Proyectó varias iglesias en la ciudad, como la sacristía de Santa Maria delle Grazie. En el refectorio del monasterio se encuentra el mural de *La Última Cena* de Leonardo.

**TEXTO EN 30 SEGUNDOS**

Matthew Landrus

***Leonardo utilizó con frecuencia el octógono. En sus diseños de iglesias con cúpula, que recuerdan a los de Brunelleschi y otros, aúna la expresión geométrica de grandeza con la funcionalidad espacial.***

# CARTOGRAFÍA Y CANALES

## la teoría en 30 segundos

En el transcurso de su carrera profesional, Leonardo da Vinci estudió y diseñó canales, y llevó a cabo estudios cartográficos, topográficos y geográficos. Casi todos los años hay anotaciones en sus cuadernos relativas a la naturaleza del agua, su energía cinética y su regulación. Fue también un reputado ingeniero hidráulico: su proyecto de canal más famoso lo hizo en 1503 por encargo de las autoridades de Florencia para desviar el agua del Arno fuera de su curso natural hacia el este de Pisa. Una primera fase de este canal abandonado, hacia el este de Florencia, sería su único proyecto de ingeniería civil que habría sobrevivido. También realizó mapas detallados, estudios de esclusas para los canales y el diseño de una gigantesca excavadora de canales que se puede ver en el Códice Atlántico. El año anterior, César Borgia lo había nombrado «arquitecto e ingeniero general de la corte», con el encargo de hacer mapas detallados y estudios hidráulicos en diversas ciudades de Emilia Toscana, Umbria y Las Marcas, entre los que se encuentra su famoso mapa de Imola. Antes de regresar a Milán en 1508, confirmó ante el gobernador francés sus antiguos derechos sobre el Naviglio Grande, un canal en el sudoeste de Milán, «para instalar mis dispositivos mecánicos y otras cosas que satisfarán grandemente a nuestro muy cristiano rey».

**ESQUEMA EN 3 SEGUNDOS**

Los recursos hidráulicos se utilizaron con una impresionante eficiencia tecnológica en la Italia del Renacimiento y supusieron una importante fuente de ingresos para Leonardo y sus mecenas.

**OBRA MAESTRA EN 3 MINUTOS**

Entre los años 1513 y 1516, Leonardo realizó un mapa topográfico para el papa León X, con una propuesta de canales para drenar los pantanos Pontinos, al sudeste de Roma. Para apoyar su propuesta, aportó cientos de dibujos técnicos de 35 años de estudios, suficientes para realizar un tratado sobre el tema. Por ejemplo, en el Códice Atlántico ilustra la construcción de una esclusa en 1485, a la que añadió, hacia 1493, detalles relativos a las compuertas.

**TEMA RELACIONADO**

*Véase* también
EL AGUA
página 128

**MINIBIOGRAFÍA**

CÉSAR BORGIA
1475–1507
Hijo ilegítimo del papa Alejandro VI. Desde 1498 hasta su muerte, en 1507, en el campo de batalla fue el implacable capitán de los ejércitos papales.

**TEXTO EN 30 SEGUNDOS**

Matthew Landrus

***Los proyectos de ingeniería hidráulica de Leonardo abarcaron diques, canales y ambiciosos planes de drenaje, para los que diseñó los equipos de excavación. También llevó a cabo estudios para realizar mapas de tal precisión que proporcionaron a su mecenas, César Borgia, una decisiva ventaja militar.***

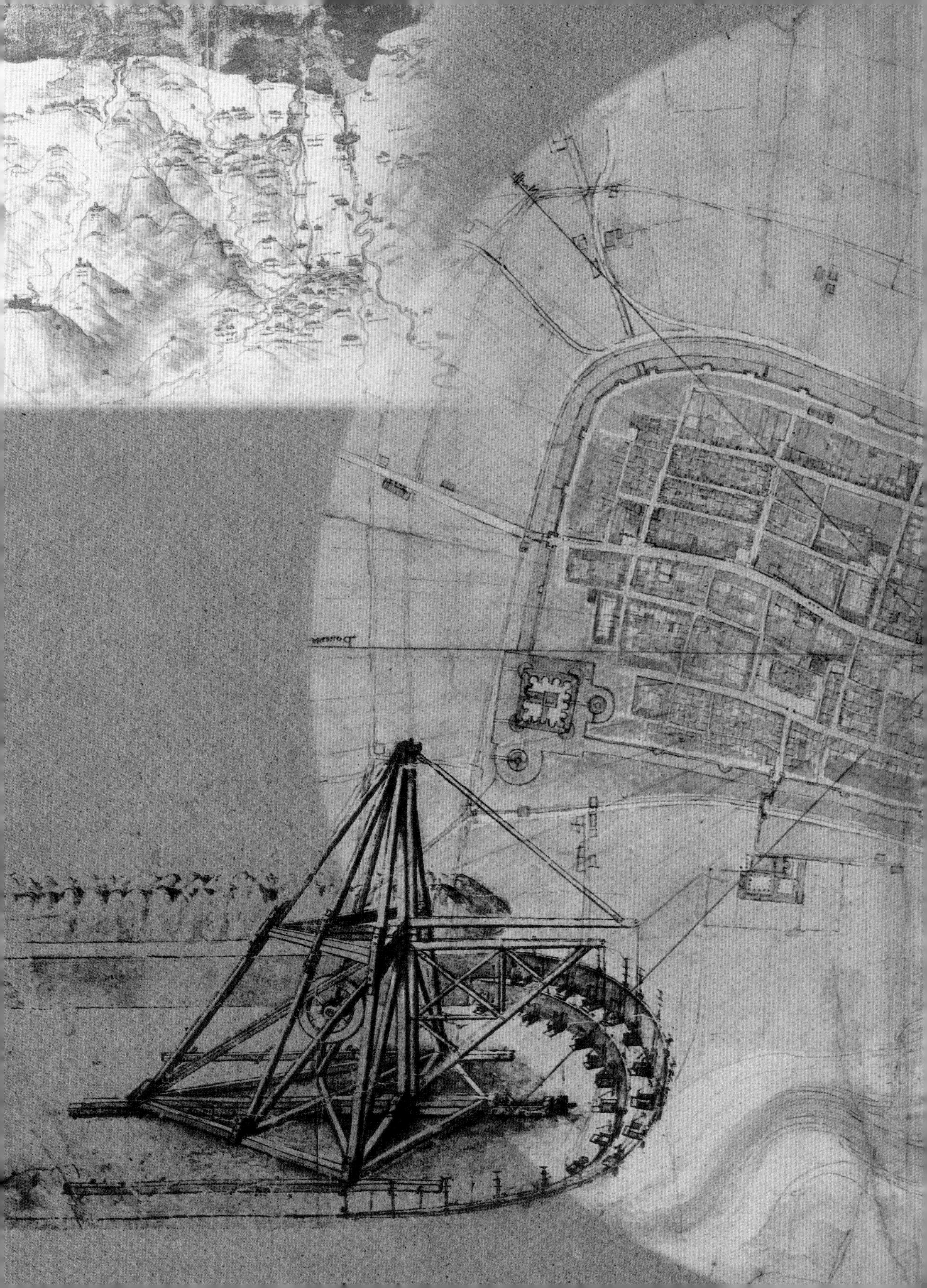

# PUENTES

## la teoría en 30 segundos

En los puentes, Leonardo da Vinci encontró un verdadero reto de la ingeniería civil digno de su capacidad. Entre sus proyectos se encontraba un puente giratorio para usos militares que disponía de contrapesos con el fin de situarlo fácilmente sobre una corriente o foso, así como un innovador puente de dos pisos. Sin embargo, el proyecto más importante emprendido por Leonardo fue el de un puente para cruzar el Cuerno de Oro, de Constantinopla a Pera, una estructura de 350 m de longitud. Este hermoso y fluido proyecto, que viene representado en el Manuscrito L, parece ser una propuesta al sultán del Imperio otomano. Se sabe que emisarios del sultán Bayezid II viajaron a Roma en 1502 en busca de ingenieros para diseñar un puente permanente que sustituyera al de pontones que se utilizaba para cruzar el Cuerno de Oro en aquella época. Se cree que Miguel Ángel fue uno de los ingenieros invitados, pero según una carta de Leonardo al sultán, encontrada en los archivos del palacio de Topkapi en Estambul, parece que el florentino hizo también una propuesta para el proyecto del puente junto con un molino, un equipo de bombeo y un puente levadizo, la mayor parte de los cuales están también bosquejados en el Manuscrito L. En 2001, se construyó en las afueras de Oslo un puente peatonal más pequeño, el de Vebjørn Sand, basado en el diseño de Leonardo, y Sand ha creado el Leonardo Bridge Project para inspirar estructuras futuras en todo el mundo basadas en dicho diseño.

**ESQUEMA EN 3 SEGUNDOS**

Los elegantes puentes de Leonardo resistieron el escrutinio de la ingeniería moderna, y resultaron impresionantes por la originalidad de su escala y detalles constructivos.

**OBRA MAESTRA EN 3 MINUTOS**

Uno de los problemas de los puentes de madera con vigas curvas es que estas se pueden romper bajo una carga intensa. En el Códice Atlántico, Leonardo muestra el modo en que una serie de muescas en forma de dientes en las vigas pueden evitar el problema. Esto sucedió más de 300 años antes de que esta innovación fuera llevada a la práctica, ya en el siglo XIX, en puentes suizos, como el de Signau de 1839 que cruza el río Emme y es capaz de soportar una carga de 40 toneladas.

**TEMAS RELACIONADOS**

*Véase* también
LA CIUDAD IDEAL
página 78

CARTOGRAFÍA Y CANALES
página 82

**MINIBIOGRAFÍAS**

BAYEZID II
1447–1512
Sultán del Imperio otomano.

MICHELANGELO DI LODOVICO BUONARROTI SIMONI
1475–1564
Pintor, escultor, arquitecto e ingeniero que retó la supremacía de Leonardo.

VEBJØRN SAND
1966–
Artista noruego, fundador del Leonardo Bridge Project.

**TEXTO EN 30 SEGUNDOS**

Brian Clegg

***A las órdenes del duque de Milán, Leonardo concibió numerosos diseños, entre ellos puentes de emergencia utilizando troncos acoplados para permitir a las tropas cruzar ríos y aprovechar así el elemento sorpresa.***

# FUNDICIÓN DE *EL CABALLO SFORZA*

## la teoría en 30 segundos

El primer encargo importante de la corte de los Sforza a Leonardo da Vinci fue el de un monumento ecuestre en honor a Francesco Sforza, padre de Ludovico. Tal como era habitual en aquella corte, nada había demasiado ambicioso para aquel, al que Leonardo propuso un caballo de bronce de cerca de 10 m de altura y 76,2 toneladas, y que había de quedar terminado en 1490. Los precisos dibujos para la fase inicial del proceso revelan que las intenciones del artista eran no fundir el «coloso» en partes, sino de una sola pieza. Así pues, preparó varios dibujos de presentación de los moldes, estructuras de soporte y las máquinas necesarias para un colosal proceso de fundición a la cera perdida. Como ingeniero de estructuras, requirió la construcción de un cabrestante con diez poleas fijas y nueve móviles, junto con una instalación de fundición especial con hornos de reverbero (con cámaras de fusión y combustión separadas). En 1493 se produjeron un gran modelo de arcilla y las secciones del molde en terracota, pero un año después, el bronce que se había acopiado para el proyecto fue enviado a Ferrara con el fin de fundir cañones. El proyecto de *El caballo Sforza* fue planteado por primera vez por el duque Galeazzo Maria Sforza en 1473, reconsiderado por su hermano en 1483 y abandonado definitivamente con la invasión de los franceses en 1499.

**ESQUEMA EN 3 SEGUNDOS**

Aunque fue contratado para esculpir *El caballo Sforza*, Leonardo desarrolló los planes para un «coloso» ecuestre sin comparación desde la antigüedad, que puso a prueba también sus conocimientos como ingeniero de estructuras.

**OBRA MAESTRA EN 3 MINUTOS**

En 1493, Leonardo instaló frente a la catedral de Milán una efigie completa de *El caballo Sforza*, con caballo, jinete y pedestal. Tenía una altura de 12 m. La construcción, de paneles de madera, lona y yeso, se exhibió con ocasión de la boda de Maximiliano I y Bianca Maria Sforza, sobrina de Ludovico. Los poetas de la corte alabaron esta efímera obra maestra. El matemático de la corte Luca Pacioli retomó en 1496 los primeros planes de Leonardo para fundir aquella maciza estructura de bronce.

**TEMA RELACIONADO**

*Véase* también
LA BATALLA DE ANGHIARI
página 88

**MINIBIOGRAFÍA**

FRANCESCO SFORZA
1401–1466
Hijo ilegítimo de Muzio Sforza y famoso comandante militar, líder popular, legislador, duque y fundador en Milán de la dinastía Sforza, en 1450.

**TEXTO EN 30 SEGUNDOS**

Matthew Landrus

***Los numerosos estudios anatómicos de caballos tomados del natural fueron parte de su propuesta para construir la mayor estatua ecuestre que hubiera visto el mundo del Renacimiento. Solo se han conservado los dibujos; el modelo de arcilla, de tamaño natural, fue destruido y el monumento en bronce no se llegó a materializar.***

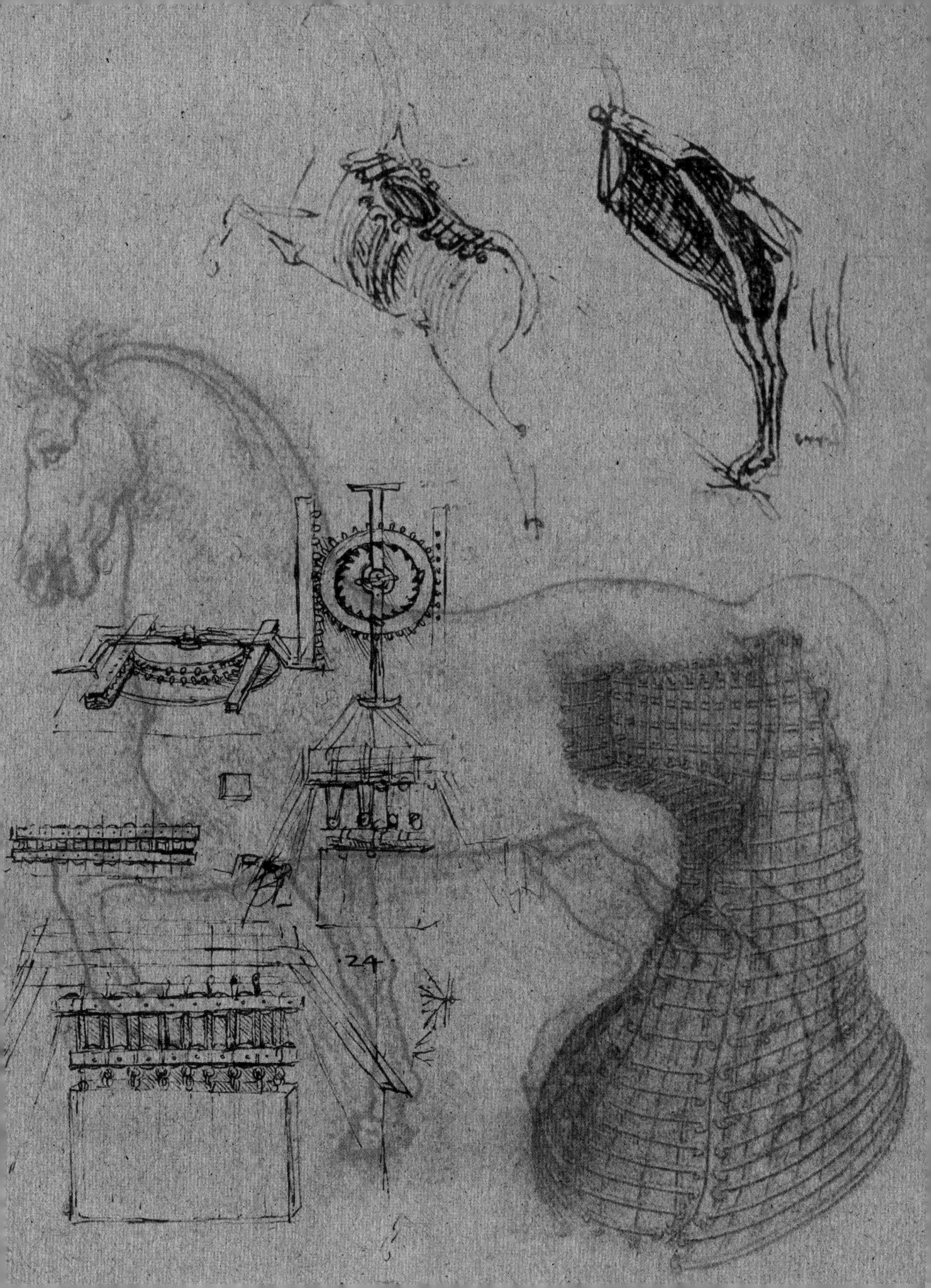

·24·

# *LA BATALLA DE ANGHIARI*

Leonardo consideraba la guerra como «la locura más bestial». Recibió el encargo de pintar este tema en un muro de la Sala de los Quinientos en el Palazzo della Signoria de Florencia en 1503. Debía representar la histórica victoria de los florentinos sobre los milaneses en Anghiari en 1440. La obra debía formar parte de un programa completo de decoración destinado a celebrar la recientemente proclamada República de Florencia, que incluía también una pintura de Miguel Ángel (*La batalla de Cascina*). *La batalla de Anghiari* de Leonardo se ha perdido. Es posible que lo que realmente llegara a pintar fuera tan solo la escena central, de la que el panel en la Galería de los Uffizi constituye una de las primeras copias y que, tal vez, representa el estado inacabado de la pintura. Centrada en el aterrador combate de hombres y caballos, el punto crucial de la lucha corresponde al momento en el que un soldado vociferante está a punto de asestar un furioso golpe para cortar la mano de su adversario, que intenta sostener el estandarte milanés. Sus caballos encabritados se emplean con no menor violencia, haciendo uso de sus cascos y dientes. Giorgio Vasari, el principal biógrafo de Leonardo, ofrece una vigorosa descripción de la ferocidad del combate, el terror, la ira y el ansia de venganza de hombres y caballos en una batalla en la que la animalización de los hombres se refleja en los paralelismos entre las fisonomías y expresiones humanas y animales. Da Vinci preparó la pintura con sus habituales estudios del movimiento, el «movimiento físico» (*moto corporale*) y el «movimiento mental» (*moto mentale*), así como de anatomía y la fisiognomía comparadas. Descrita como «la escuela del mundo», *La batalla de Anghiari* influyó de hecho en muchos artistas, desde Rafael hasta Miguel Ángel y Rubens. También fue copiada por artistas anónimos que reprodujeron el grupo central o algunos fragmentos específicos (sobre todo las cabezas) para utilizarlos en pinturas sobre otros temas. Sin embargo, inacabado y con muestras de un deterioro prematuro, debido probablemente al uso que hizo Leonardo de algunas técnicas experimentales, el mural se recubrió cuando la Sala de los Quinientos fue redecorada en la década de 1560. Continúan los intentos de localizar la perdida *Batalla* de Leonardo, y una estimación reciente del tamaño del grupo que pintó en el muro se ha basado en un cartón de diseño de la *Cabeza de soldado gritando* conservado en el Ashmolean Museum de Oxford, Inglaterra.

***Juliana Barone***

# ESCENOGRAFÍA

## la teoría en 30 segundos

**ESQUEMA EN 3 SEGUNDOS**
Los diseños escenográficos de Leonardo no eran simples escenarios, sino que implicaban dispositivos mecánicos que daban vida a la escena.

**OBRA MAESTRA EN 3 MINUTOS**
El autómata más impresionante de Leonardo fue el diseñado para un festival en honor al recientemente coronado Francisco I. Como parte de este festival, organizado por los mercaderes de Florencia, aparecía un león mecánico en escena. En primer lugar avanzaba moviendo la cabeza y la cola, y después se abría su pecho para mostrar flores de lirios. Con este astuto dispositivo político, el león de Florencia se sometía mostrando el símbolo del monarca francés.

En tiempos de Leonardo da Vinci, era normal que los arquitectos, artistas e ingenieros trabajaran en el campo de las producciones teatrales. Las primeras experiencias de Leonardo en este sentido las tuvo cuando trabajaba en el taller de Verrocchio, en el que se preparaban los escenarios y decorados para las obras sacras representadas para Galeazzo Maria Sforza en Florencia. Las realizaciones propias del genial artista florentino en este campo parecen estar inspiradas en dichas experiencias, aunque él se centró en el diseño de escenarios y autómatas para el teatro secular. En sus primeros trabajos para la corte de los Sforza, adoptó los conceptos clásicos de la perspectiva, aunque embellecidos con innovaciones propias (su escenografía para la *Festa del Paradiso* incluía actores que representaban los planetas girando en grandes esferas). Sus trabajos posteriores fueron más naturalistas, dejando de lado las restricciones clásicas. La mejor muestra de este enfoque es su escenografía para una representación de *Orfeo*, que tuvo lugar en Milán después de la invasión francesa. Los códices Arundel y Atlántico contienen bosquejos de una serie de montañas, una de las cuales se abre en dos cuando las figuras de Plutón y sus esbirros surgen del inframundo: «Cuando se abre el paraíso de Plutón, que aparezcan los demonios con voces infernales vociferantes», dejó escrito el propio Leonardo. Este efecto implicaba un ingenioso mecanismo de contrapesos (que también pudieron haber sido tramoyistas), que abrían las dos mitades de la montaña y elevaban el equipo infernal desde las profundidades.

**TEMAS RELACIONADOS**
*Véase* también
VIOLA ORGANISTA
página 68

VEHÍCULO AUTOPROPULSADO
página 72

**MINIBIOGRAFÍAS**
AL-JAZARI
1136–1206
Sabio kurdo que diseñó autómatas mecánicos.

ANDREA DEL VERROCCHIO
h. 1435–1488
Escultor y pintor italiano del que Leonardo fue aprendiz.

FRANCISCO I
1494–1547
Monarca francés y último mecenas de Leonardo.

**TEXTO EN 30 SEGUNDOS**
Brian Clegg

***Con su autómata provisto de armadura, Leonardo dio al mundo el primer robot humanoide de la historia. Gracias a un sistema de poleas y cables, podía mover la cabeza, la mandíbula y los brazos.***

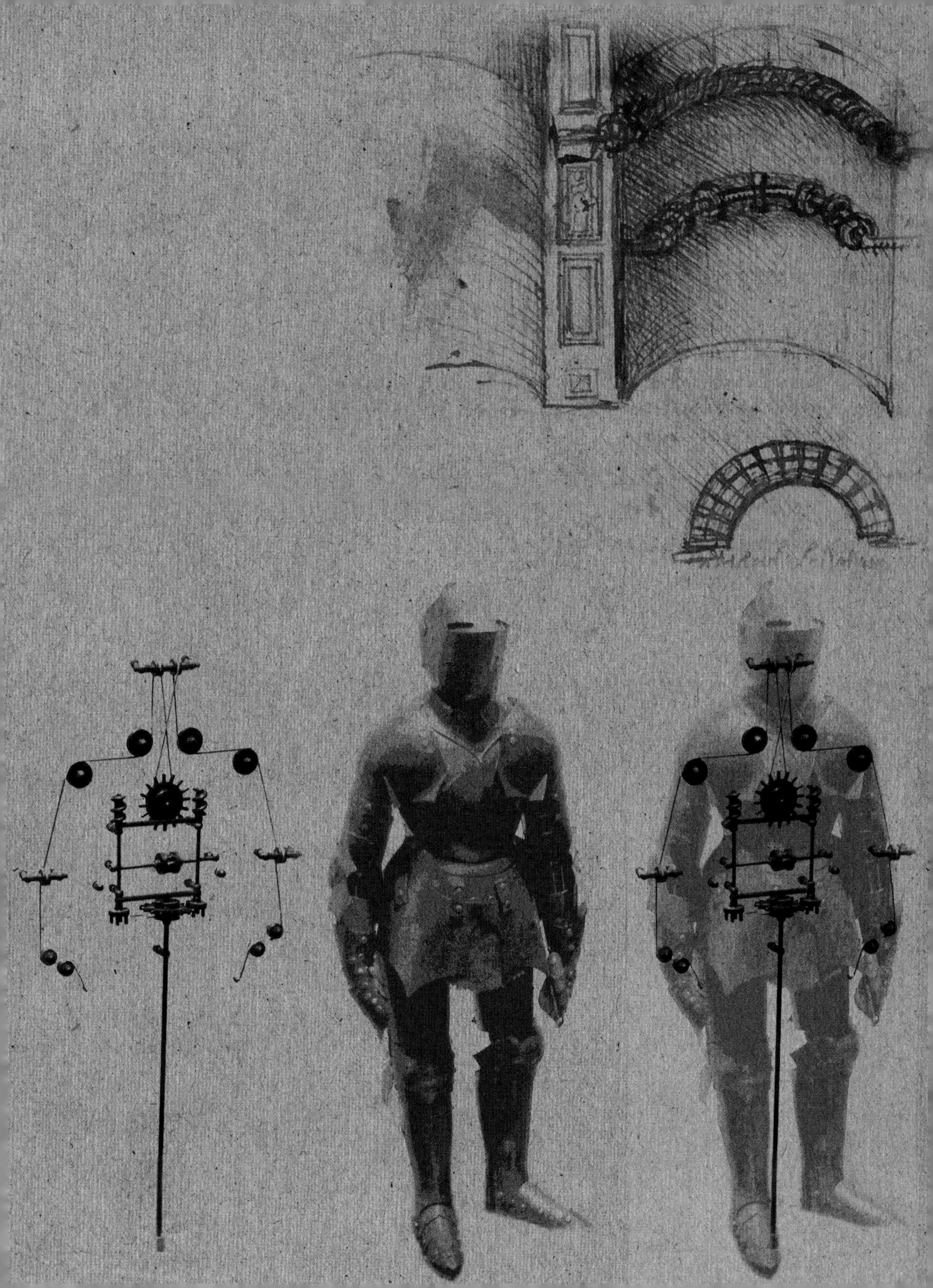

# MAQUINARIA INDUSTRIAL

## la teoría en 30 segundos

Es fácil centrarse en los aspectos más fascinantes de la obra de Leonardo da Vinci, aunque es posible que sus diseños de máquinas mejoraran la vida laboral de muchos. Existe la tendencia general a considerar la automatización de los procesos industriales como un concepto victoriano, pero lo cierto es que el diseño de Leonardo de un estampador de limas ya muestra el mismo concepto en acción. El operador hace girar la manivela para elevar un peso. A partir de este momento, la máquina opera automáticamente: un tornillo acciona la barra que se transformará en lima y levanta y deja caer una y otra vez un martillo que graba las ranuras en la superficie de la misma. Más tarde, Leonardo utilizó un dispositivo similar en el diseño de una compleja máquina de seis elementos para estampar sobre lámina de oro. Con frecuencia, los diseños de Leonardo convierten un sencillo movimiento en acciones múltiples, como mover la lima y el martillo. Esto se pone de manifiesto en sus muchos proyectos de máquinas textiles, como dispositivos automáticos de desbarbado, bobinadoras e hiladoras. Incluso concibió un dispositivo de especial interés para el pulido de espejos cóncavos. De hecho, Leonardo ocupó gran parte de su tiempo en investigar las propiedades de esos espejos parabólicos, utilizando notas codificadas, probablemente para que sus ideas no las pudiera utilizar Giovanni degli Specchi, un competidor cercano a él.

**ESQUEMA EN 3 SEGUNDOS**

Las mejores máquinas industriales de Leonardo fueron diseñadas para convertir un movimiento sencillo en una serie compleja de acciones para automatizar el proceso.

**OBRA MAESTRA EN 3 MINUTOS**

Algunos de los dibujos de Leonardo de aspecto más moderno se encuentran en un estudio de los elementos básicos de las máquinas industriales. En el Códice Atlántico encontramos un dispositivo que convierte el movimiento hacia delante y hacia atrás de una palanca en una rotación regular de grandes ruedas para levantar o bajar un peso. Junto al dibujo se incluye un despiece para mostrar de una manera clara cómo funciona el mecanismo. Más que un simple diseño, parece una reflexión gráfica del movimiento alternativo.

**TEMAS RELACIONADOS**

*Véase* también
TORNILLOS SIN FIN
página 60

SIERRA HIDRÁULICA
página 66

**MINIBIOGRAFÍAS**

FILIPPO BRUNELLESCHI
1377–1446
Diseñador de la cúpula de la catedral de Florencia, acabada por Verrocchio, el maestro de Leonardo, con la ayuda de este último, y para cuya construcción se utilizaron las primeras máquinas industriales.

GIULIANO DE MEDICI
1479–1516
Hermano del papa León X que contrató a Leonardo y a su competidor Giovanni.

**TEXTO EN 30 SEGUNDOS**

Brian Clegg

***Los innumerables diseños industriales de Leonardo combinan la funcionalidad con la elegancia. Para él, como inventor, el mayor placer residía en la alegría de la comprensión.***

# INGENIERÍA MILITAR

## INGENIERÍA MILITAR
GLOSARIO

***circumfolgore*** Término italiano que significa «bomba circular» y que se aplica al ingenio descrito en la primera página del Códice Atlántico. Se trata de una formidable máquina de guerra naval que consta de una plataforma giratoria, montada sobre la cubierta superior de un navío, sobre la que se habrían instalado 16 cañones de mediano calibre. En una batalla naval, los cañones se iban recargando constantemente al tiempo que se hacía girar la plataforma para apuntar y disparar cada vez un cañón contra el barco enemigo. Esto permitía una rápida cadencia de fuego y una mayor precisión comparada con la de la disposición habitual de los cañones fijos que disparaban desde los costados de los barcos.

**espingarda** Nombre que se daba a una catapulta medieval, de principio constructivo semejante al de la ballesta, capaz de lanzar jabalinas a una distancia de unos 800 m y que se utilizaba básicamente como arma defensiva colocada en la parte alta de las fortificaciones. Consistía en una robusta estructura de madera y gruesas cuerdas que se retorcían haciendo girar un tornillo, lo que proporcionaba la fuerza necesaria para lanzar la jabalina con gran precisión y de modo «que ninguna coraza pudiera resistir». En el Códice Atlántico, Leonardo muestra diseños perfeccionados capaces de arrojar elementos explosivos en vez de jabalinas. Más tarde recibieron este nombre unas armas de fuego de mediano calibre.

**fortaleza poligonal** En 1502–1503, Cesar Borgia contrató a Leonardo como arquitecto militar para supervisar todas las construcciones en este campo y proyectar una fortaleza capaz de resistir las importantes innovaciones que habían ido surgiendo en el arte de la guerra en aquel período, con armas de fuego y cañones cada vez más potentes. El Códice Atlántico muestra el proyecto de una fortaleza poligonal que, incluso hoy, podría considerarse de diseño muy moderno, con paredes inclinadas y ángulos agudos para desviar y absorber el impacto de las balas de cañón. Pequeñas aberturas permitían a los defensores devolver el fuego con poco riesgo. El enfoque de Leonardo descansa en un profundo conocimiento de la resistencia de los materiales, así como en cuidadosas observaciones científicas.

**hidrodinámica** Es la rama de la física que estudia las fuerzas que actúan o que son ejercidas por los fluidos. Los manuscritos de Leonardo revelan que el agua y sus movimientos eran uno de los temas que más le apasionaban. Entre sus dibujos hay muchos que analizan el movimiento del agua y, en particular, las formas que esta adopta cuando golpea diversas superficies, así como el efecto erosivo de la misma sobre las rocas.

**mímesis** El conocimiento adquirido por Leonardo a través de sus estudios y la observación de la naturaleza fue una fuente constante de inspiración para sus inventos, muchos de los cuales se basaban en la comprensión e imitación de los principios de la naturaleza. Sus cuadernos están llenos de artilugios íntimamente relacionados con diseños presentes en el mundo natural.

**muros almenados** Los muros almenados coronan la parte alta de los castillos, torres o casas fortificadas, y tienen salientes verticales y rectangulares dispuestos regularmente (almenas) y separados por espacios abiertos entre ellos (cañoneras). En el camino de ronda, que estaba protegido por los muros almenados, los soldados podían disparar armas de fuego y lanzar proyectiles por las cañoneras escondidas tras las almenas.

***scopietti*** Los cañones del siglo XVI requerían de mucho tiempo para cargarlos. Leonardo intentó resolver el problema ideando un arma de cañones múltiples consistente en una serie de cañones de pequeño calibre (*scopietti*) montados sobre un solo carro con ruedas. Su «órgano de 33 tubos» (así denominado porque la disposición de las filas de tubos recuerda a la de los de un órgano) tenía 3 filas de 11 armas dispuestas en forma de abanico. Mientras se disparaba una fila, otra se enfriaba y la tercera se recargaba, con lo que se conseguía una cadencia de fuego de diez disparos por minuto.

# FORTALEZAS

## la teoría en 30 segundos

Los proyectos de fortalezas de Leonardo da Vinci estaban destinados a responder a la mayor innovación en el arte de la guerra de la época: las armas de fuego. El avance del ejército francés por Italia, en 1494, equipado con la nueva artillería, causó un gran impacto. Como respuesta a este hecho, Leonardo propuso dos nuevos tipos de fortaleza: las circulares con perfiles achatados y las poligonales angulares. Las primeras tenían como objetivo minimizar el área susceptible a los ataques: cuanto más oblicua era la superficie, tanto menor era el poder destructor de los impactos. Este enfoque tan innovador reemplazó a las murallas almenadas medievales, coronadas con perfiles rectos horizontales y verticales. En el proyecto más completo de Leonardo, el plano general de la fortaleza es circular, con tres anillos concéntricos, entre los que se encuentran los fosos inundables. En otros proyectos, utilizó una planta poligonal, con las paredes dispuestas en ángulos agudos de modo que permitieran una buena visión del exterior y un campo de tiro más amplio. En algunos casos se combinan los dos tipos, curvilíneo y poligonal, como en el proyecto de una muralla defensiva en el interior de un foso.

**ESQUEMA EN 3 SEGUNDOS**

En respuesta a nuevas y poderosas armas de fuego, Leonardo diseñó nuevos tipos de fortalezas, con plantas poligonales y perfiles achatados cuyo objetivo era reducir el impacto de los proyectiles enemigos.

**OBRA MAESTRA EN 3 MINUTOS**

El tipo de fortalezas poligonales fue estudiado tanto por Leonardo como por Francesco di Giorgio, y adquirieron después forma de estrella, ya explícita en algunos de los proyectos del primero. Un ejemplo lo encontramos en el recinto amurallado que rodea la ciudad de Palmanova, en el norte de Italia. Consta de tres murallas concéntricas, construidas en épocas históricas sucesivas, que se iniciaron en el siglo XVI, hasta el anillo más exterior, que data de la época napoleónica, a inicios del siglo XIX.

**TEMAS RELACIONADOS**

*Véase* también

LA CIUDAD IDEAL
página 78

ESTUDIOS BALÍSTICOS
página 106

**MINIBIOGRAFÍA**

JACOPO IV APPIANI

**1459–1510**

Señor de Piombino y de otros territorios circundantes, entre ellos la isla de Elba, una de las muchas pequeñas ciudades-estado que conformaban Italia en aquella época y que visitó Leonardo.

**TEXTO EN 30 SEGUNDOS**

Domenico Laurenza

***Los proyectos de Leonardo de una fortaleza con un perfil bajo y murallas concéntricas parecen sorprendentemente modernos. Basado en su conocimiento de las trayectorias parabólicas, el diseño curvado estaba destinado a minimizar el efecto de los impactos de los cañonazos.***

# ESPECTACULARES MÁQUINAS DE ASEDIO

## la teoría en 30 segundos

Muchos de los proyectos de máquinas de guerra más famosos y espectaculares de Leonardo da Vinci fueron, en realidad, variaciones sobre dispositivos que ya se utilizaban en la antigüedad. Aparte de introducir unas mejoras tecnológicas en esas máquinas, la originalidad de sus diseños reside en la inmejorable calidad de sus dibujos y en la grandeza general de sus ideas. Estos dibujos son la plasmación visual de la famosa carta de Leonardo a Ludovico Sforza, conocido también como Ludovico el Moro, duque de Milán, en la que describe ampliamente sus conocimientos como ingeniero militar. Casi todos estos proyectos se remontan a la época del primer período florentino de Leonardo o a sus primeros años en Milán, después de 1482-1483, e incluyen sus famosos dibujos de carros falcados que, según hace notar el propio autor, deberán emplearse con sumo cuidado, ya que «no hieren menos a los amigos que a los enemigos». Estos artilugios ya habían sido utilizados en la antigüedad, como las catapultas, pero Leonardo desarrolló elementos de carga originales para estas últimas usando, por ejemplo, muelles. Del mismo modo, entre sus innovaciones destaca el diseño de una ballesta gigante.

**ESQUEMA EN 3 SEGUNDOS**
Algunos de los primeros proyectos de máquinas de asedio y defensa de Leonardo, aunque todavía basados en el enfoque tradicional del arte de la guerra, son espectaculares por su contenido y por su representación visual.

**OBRA MAESTRA EN 3 MINUTOS**
Tan espectaculares como sus máquinas de asedio, algunos de los proyectos de sistemas defensivos de Leonardo se basan también en un enfoque tradicional del arte de la guerra. Incluyen, por ejemplo, mecanismos para evitar que el enemigo pueda escalar las murallas gracias a una pértiga larga que empuja las escalas de asalto en el exterior de aquellas, o utilizando un sistema de hojas rotatorias.

**TEMA RELACIONADO**
*Véase* también
LA GUERRA NAVAL
página 108

**MINIBIOGRAFÍA**
LUDOVICO SFORZA
1452-1508
Cuarto hijo de Francesco Sforza, fue duque de Milán desde 1489 hasta su muerte. Fue mecenas de Leonardo da Vinci y de otros artistas.

**TEXTO EN 30 SEGUNDOS**
Domenico Laurenza

***A pesar de la declarada aversión a la guerra que sentía Leonardo, sus diseños de máquinas para matar le proporcionaron el mecenazgo por parte de ricos patronos en ciudades rivales del norte de Italia.***

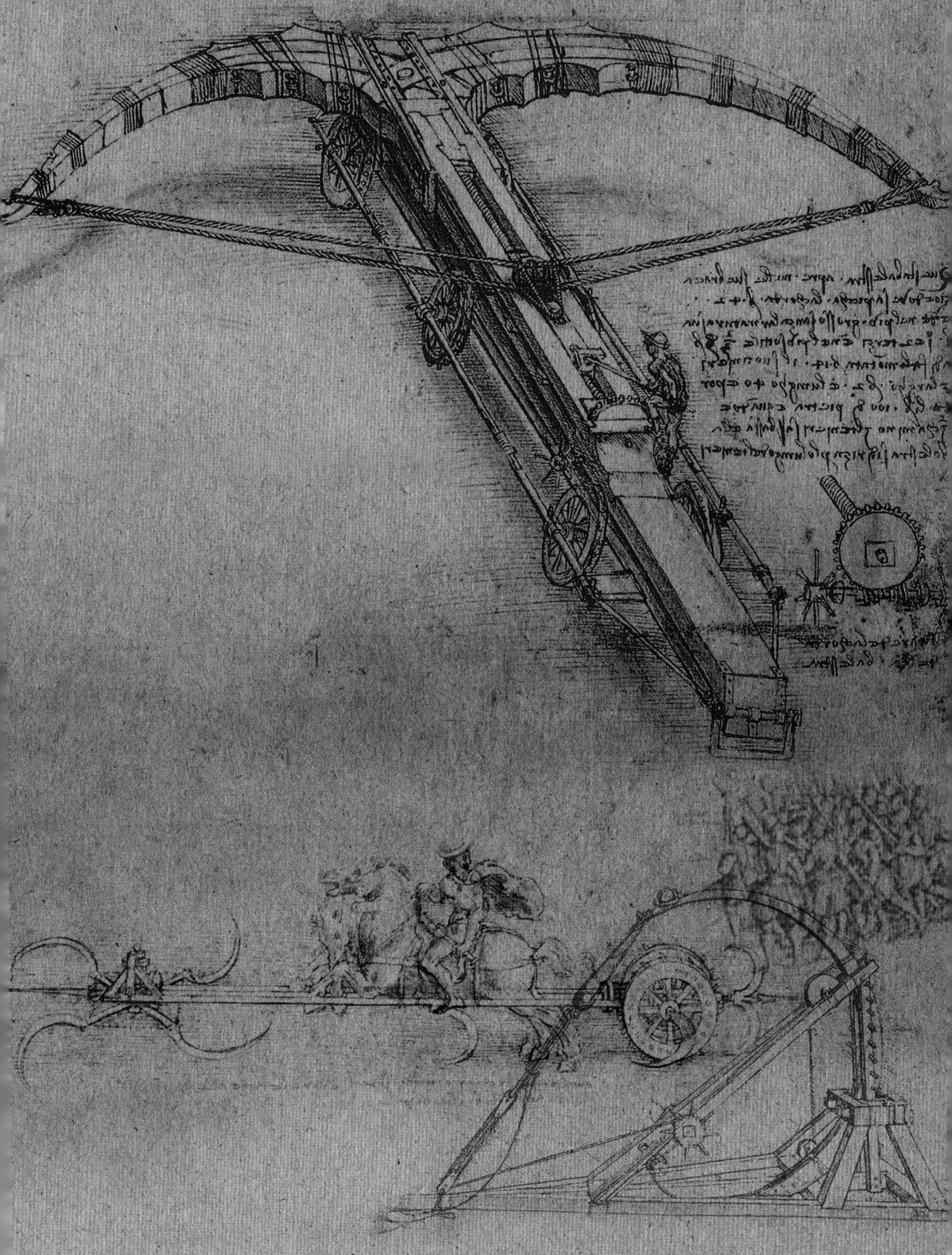

# TANQUE

## la teoría en 30 segundos

Leonardo da Vinci aplicó su concepto dinámico de la guerra a la idea de un tanque, que por otro lado no era totalmente nueva en aquella época. Lo menciona ya en la famosa carta con la que se presentó a Ludovico Sforza, duque de Milán: «Construiré vehículos blindados, seguros e inexpugnables, que penetrarán en las filas enemigas y su artillería, y no habrá hueste de hombres armados lo bastante poderosa como para no ser penetrada por ellos». El modelo más completo del tanque de Leonardo incorporaba un carro con forma de tortuga accionado por ocho soldados y provisto de numerosos cañones. Estaba coronado por una torreta de observación de forma cónica y con ranuras u ojos de buey que permitían una visión panorámica del exterior de 360 º. El objetivo principal del tanque era atacar de frente y romper las filas enemigas pero, como anota el propio Leonardo, para ser totalmente efectivo requería que la infantería lo siguiera en su ataque. El gran número de pequeños cañones o *scopietti* dispuestos alrededor de la circunferencia del tanque recuerda al *circunfolgore* o cañón múltiple. Aunque este último se representó siempre «abierto», es posible que poseyera una estructura de cobertura como el tanque, y los dibujos sugieren que se concibió para ser montado en una nave.

**ESQUEMA EN 3 SEGUNDOS**

Leonardo imaginó los tanques accionados por humanos o por caballos y provistos de numerosos cañones. Estaban concebidos para lanzar el primer ataque sobre las filas enemigas.

**OBRA MAESTRA EN 3 MINUTOS**

En otro proyecto, el tanque no es accionado por hombres sino por caballos situados en su interior. Los dibujos de Leonardo del carro armado en acción muestran dos posiciones sucesivas del artilugio lanzado contra el enemigo, y se ve en ellos el humo de los disparos y el polvo levantado por el movimiento del carro. El uso de caballos parece poco realista y tiene unas dimensiones espectaculares, característica esta común a muchos de los primeros proyectos de Leonardo.

**TEMAS RELACIONADOS**

*Véase* también
CAÑONES Y ESPINGARDAS
página 104

LA GUERRA NAVAL
página 108

**MINIBIOGRAFÍA**

LUDOVICO SFORZA
1452–1508
Duque de Milán. Promovió las artes y la cultura en su corte, pero invirtió mucho en el arte de la guerra. Perdió su poder en 1499, cuando los ejércitos franceses ocuparon Milán.

**TEXTO EN 30 SEGUNDOS**

Domenico Laurenza

***Anticipándose a las artes de la guerra del siglo XX, el tanque armado de Leonardo bien pudo haber sido su máquina de guerra definitiva. Diseñada para poder disparar desde cualquier ángulo de su cuerpo cónico, habría devastado las filas enemigas.***

# CAÑONES Y ESPINGARDAS

## la teoría en 30 segundos

**ESQUEMA EN 3 SEGUNDOS**
Los diseños de armas de fuego de Leonardo tuvieron como objetivo fundamental mejorar la cadencia de fuego y proporcionar la posibilidad de apuntar en distintas direcciones para cubrir una mayor área.

**OBRA MAESTRA EN 3 MINUTOS**
Leonardo inventó también el cañón a vapor. Se precalentaba la recámara del cañón y se introducía agua en ella, que se convertía en vapor, cuya presión impulsaba el proyectil. Da Vinci atribuyó lo que era, casi con seguridad, su invento original a Arquímedes y lo denominó «architronito». De ese modo se presentaba como emulador del mayor ingeniero de la antigüedad, como un «nuevo Arquímedes».

En tiempos de Leonardo, las armas de fuego estaban revolucionando el arte de la guerra. En ese sentido, Da Vinci se anticipó a dicha revolución con sus innovadores inventos. Con su concepción dinámica de la guerra, su máximo interés era aumentar la movilidad y cadencia de fuego de las armas. Por ello, se centró básicamente en el proyecto de armas de fuego bastante ligeras, tales como las espingardas, o piezas de artillería de medio calibre, más pequeñas que las bombardas. Gracias a una estructura de madera móvil, la espingarda se podía mover tanto en sentido vertical como horizontal. También podía apuntar en distintas direcciones sin que fuera necesario mover toda la máquina (que, por lo general, se mantenía fija al suelo con cuerdas para evitar el fuerte retroceso). Sus inventos para aumentar la cadencia de fuego son aún más espectaculares, como por ejemplo sus famosos diseños de ametralladoras de cañones múltiples. Una de estas fue concebida para aumentar el área cubierta por el arma. Leonardo propuso un dispositivo móvil con una serie de cañones ligeros (*scopietti*), dispuestos en un marco con un perfil en forma de arco, que se podía mover tanto vertical como horizontalmente. Otro proyecto estaba destinado a incrementar la cadencia de fuego, con muchos marcos provistos de múltiples cañones que podían girar para disparar salvas en rápida sucesión.

**TEMA RELACIONADO**
*Véase* también
ESTUDIOS BALÍSTICOS
página 106

**MINIBIOGRAFÍA**
ARQUÍMEDES DE SIRACUSA
h. 287-212 a. C.
Científico e ingeniero griego, inventor de famosas máquinas de guerra y mecanismos hidráulicos, tales como el tornillo que lleva su nombre.

**TEXTO EN 30 SEGUNDOS**
Domenico Laurenza

***Los bosquejos de Leonardo de artillería de retrocarga, que datan de hacia 1480, hacen pensar en un tipo de armas de notable potencia de fuego, precursoras de la ametralladora.***

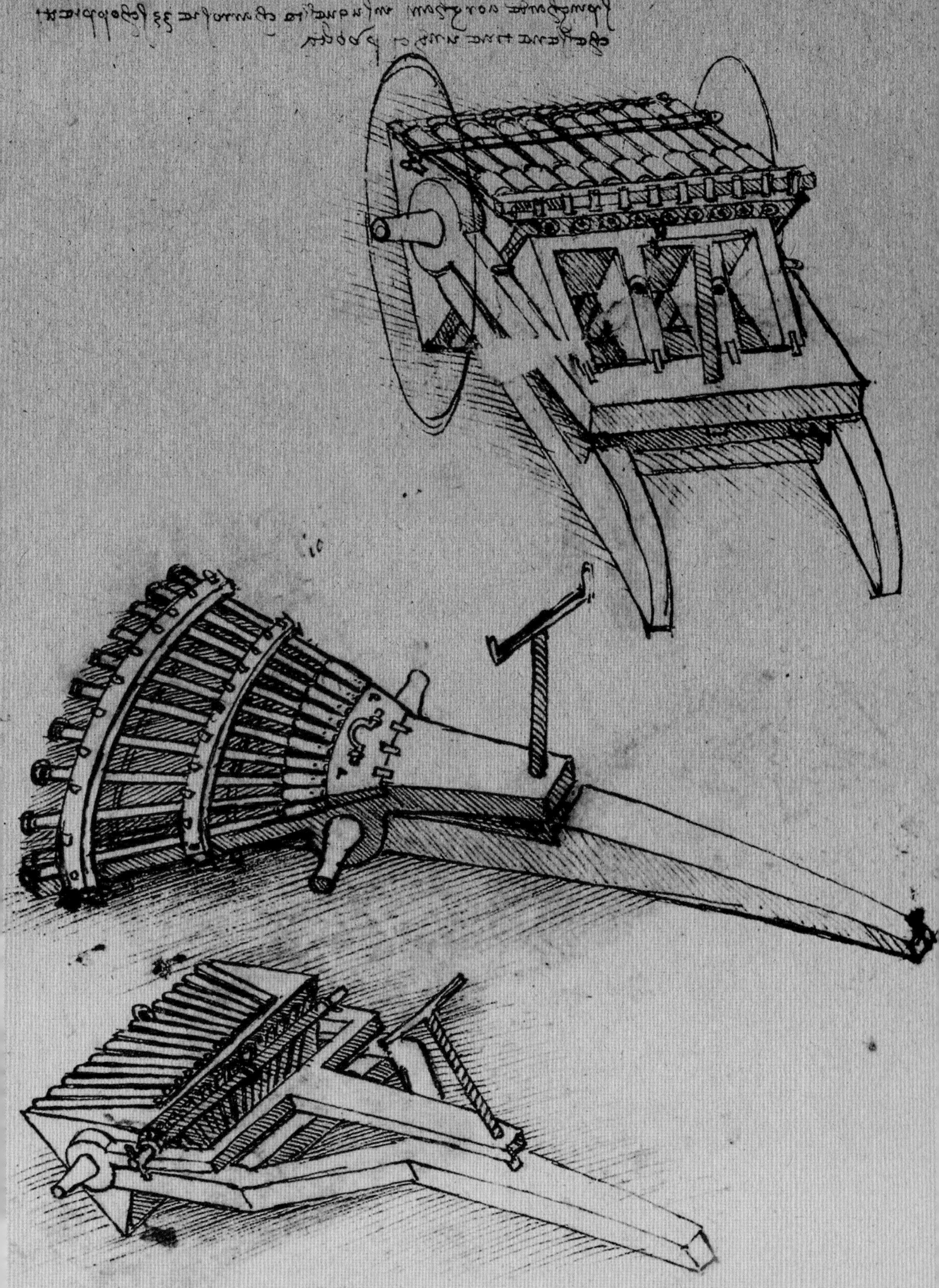

# ESTUDIOS BALÍSTICOS

## la teoría en 30 segundos

Los espectaculares dibujos y proyectos balísticos de Leonardo estaban basados en toda una serie de detallados estudios científicos. En un ejemplo, Da Vinci demuestra la relación existente entre la altura y la distancia alcanzadas por el proyectil de una bombarda, con el resultado de magníficos diseños de bombardas que podían lanzar proyectiles hacia un área muy amplia. A diferencia de sus diseños de ametralladoras con cañones múltiples, la mayor cadencia de fuego que se podía obtener con aquellas no se basaba en aumentar el número de armas, sino en incrementar el número de proyectiles y sus trayectorias. En otro espectacular dibujo, Leonardo describe una gran bala de cañón cuyos bordes están cosidos y que contienen numerosos proyectiles esféricos. La bala de cañón explota poco después de ser lanzada y disemina su contenido, el cual, al chocar con el suelo, produce una nueva lluvia de balas. Otros diseños de proyectiles ojivales de forma aerodinámica se basaban en el estudio científico de la acción de la fricción del aire. En algunos casos, estos proyectiles tenían aletas, diseñadas para reducir la resistencia al aire de los mismos.

**ESQUEMA EN 3 SEGUNDOS**

Mediante el estudio científico de la dinámica de los proyectiles, Leonardo intentó aumentar el campo de acción que podían cubrir las armas de fuego. Presentó estos estudios en magníficos dibujos.

**OBRA MAESTRA EN 3 MINUTOS**

Más allá de su contenido técnico, los dibujos de Leonardo de las trayectorias de los disparos de los morteros convirtieron sus estudios balísticos en imágenes de gran valor artístico. En ellos representa las trayectorias de los proyectiles como líneas de fuerza, que crean una serie de arcos espectaculares, como los rayos emitidos por un cuerpo estelar. Estos dibujos parecen ser los equivalentes balísticos a los del «diluvio», creados por la transfiguración artística de sus estudios sobre la dinámica del agua.

**TEMAS RELACIONADOS**

*Véase* también
EL DILUVIO
página 32

EL AGUA
página 128

**MINIBIOGRAFÍA**

NICCOLÒ FONTANA TARTAGLIA
1499–1557

Matemático, ingeniero y agrimensor italiano, pionero en aplicar las matemáticas al cálculo de las trayectorias de las balas de cañón.

**TEXTO EN 30 SEGUNDOS**

Domenico Laurenza

***Leonardo contribuyó a los estudios balísticos en una época en que no se conocían las fuerzas aerodinámicas y casi no se sabía nada sobre la gravedad. Sus ensayos empíricos con las cuerdas de los arcos le permitieron calcular la fuerza necesaria y las distancias en diferentes disposiciones.***

# LA GUERRA NAVAL

## la teoría en 30 segundos

Los inventos de Leonardo en el campo de la guerra naval se presentan en textos parcialmente codificados, dibujos fragmentados y advertencias a sí mismo de no revelar sus proyectos. Debido a que mantuvo un mayor secreto sobre estos inventos que sobre los demás, no nos es fácil reconstruirlos. Y es que Da Vinci era del todo consciente de la novedad que representaban e, incluso, le preocupaba su mortífero potencial. Entre sus proyectos destaca un submarino capaz de embestir y dañar las naves enemigas, así como barcos con un doble casco para defenderse de esos posibles ataques. También diseñó trajes de buzo fabricados con piel impermeable, provistos de lastre para la inmersión y una bolsa de aire inflable para la ascensión. Entre otras ideas, presenta proyectos para perforar y romper los cascos de las naves enemigas, operados por buceadores o por un submarino. Asimismo, desarrolló métodos para mantenerse y desplazarse en el agua, como guantes palmeados o bolsas de aire. Del mismo modo que su máquina voladora imita el vuelo de las aves, estos dispositivos emulan el movimiento de los peces. Esta clara concepción mimética y naturalista de sus inventos mecánicos diferenció a Leonardo de los demás ingenieros renacentistas.

**ESQUEMA EN 3 SEGUNDOS**
Leonardo inventó sofisticados dispositivos submarinos que, aunque destinados básicamente a la guerra, estaban basados en la imitación del mundo natural.

**OBRA MAESTRA EN 3 MINUTOS**
En 1500, por encargo de la República de Venecia, Leonardo proyectó una serie de sistemas defensivos contra los turcos a lo largo del río Isonzo, en Friuli, en concreto, un conjunto de diques móviles accionados por la propia corriente del río. Incluso cuando actúa sobre la naturaleza, el enfoque de Leonardo se centra en imitar y trabajar en armonía con las fuerzas de la misma en lugar de oponerse a ellas. Este enfoque constituye un precedente del diseño de las modernas tecnologías ecológicas.

**TEMAS RELACIONADOS**
*Véase* también
HELICÓPTERO
página 58

TRAJE DE BUZO
página 70

**MINIBIOGRAFÍA**
MARIANO DI JACOPO (CONOCIDO COMO «TACCOLA»)
1382–1458
Junto con otros ingenieros del Renacimiento, Taccola diseñó dispositivos semejantes, aunque mucho menos sofisticados, que los de Leonardo.

**TEXTO EN 30 SEGUNDOS**
Domenico Laurenza

***Leonardo realizó estudios en los que comparó el diseño hidrodinámico de los peces con los barcos y analizó la capacidad de los peces voladores para moverse en el agua y el aire.***

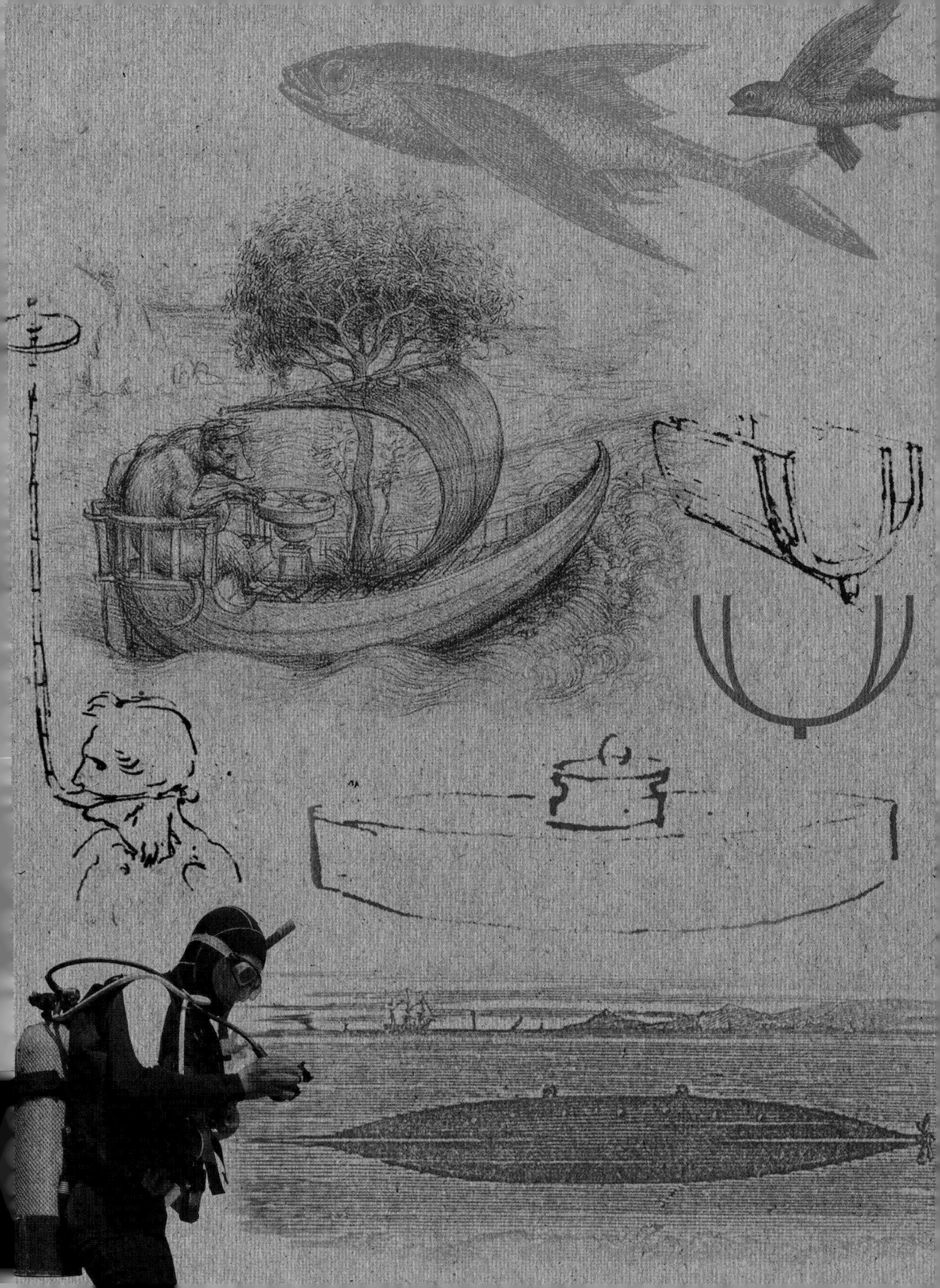

# *LA GIOCONDA/MONA LISA*

*La Gioconda* o *Mona Lisa*, el cuadro más imitado y parodiado del arte occidental, es un ejemplo paradigmático del genio de Leonardo, así como de la pintura renacentista en general. Quedan pocas dudas sobre quién fue la modelo: se trata de Lisa Gherardini, esposa del comerciante en sedas Francesco del Giocondo (en un juego de palabras, se dio al cuadro el nombre de *La Gioconda*, «la jocunda»). Leonardo no llegó a entregar el retrato. Lo empezó a pintar hacia 1503 (Rafael lo conocía cuando pintó los retratos de Agnolo y Maddalena Doni, en 1506-1507), y estaba en su poder en el momento de su muerte. El uso tardío por parte de Leonardo de glaseados translúcidos sugiere que todavía estaba trabajando en *La Gioconda/Mona Lisa* cuando estaba en Roma y que quizá continuó retocándola después de trasladarse a Francia en 1516. El panel es anormalmente grande para un retrato femenino de la época. Incluye las manos de la modelo, colocada en un principio ante un poyo que soporta una galería, más allá de la cual se extiende como telón de fondo un imaginativo paisaje. En él, Leonardo exploró el inherente flujo del paisaje natural, sugiriendo el potencial de las elevaciones montañosas, así como de las mareas y los movimientos de sus ríos, lagos y corrientes.

Intentó mostrar la misma vida inherente y el movimiento en su modelo, captando sus respuestas a la presencia del espectador mediante un contacto visual directo. Poniendo en práctica sus propios consejos a los pintores de retratos, Da Vinci fundió la luz de su pintura con la sombra, con lo que insinuó la cálida intensidad superficial de la carne de la retratada. Mostró su preocupación por los «movimientos del alma» en la manera de tratar las características de su rostro, en particular sus ojos pensativos y su boca, que insinúa una ligera y ambigua sonrisa. Interpretó esos movimientos faciales y esas expresiones utilizando magistralmente sombras de un sutil esfumado en los rasgos del rostro y en su sien izquierda, mejilla y mentón. Estas sombras fueron generadas mediante la aplicación repetida de glaseados translúcidos que definen también la sutil textura del fino velo. Los rizos del cabello y los toques de luz que fluyen desde el escote del traje ofrecen una sensación paralela de movimiento incipiente, que muestra la típica analogía de Leonardo entre los flujos del cabello y el agua. La actividad implícita en todos los aspectos del retrato genera un halo de misterio que ha dado a *La Gioconda/Mona Lisa* una fama sin precedentes.

***Francis Ames-Lewis***

# CAÑONES Y EQUIPOS DESMONTABLES

## la teoría en 30 segundos

La peculiar concepción dinámica de la guerra por parte de Leonardo da Vinci se muestra de forma muy clara en sus diseños de equipos desmontables, como puentes o carros de transporte de armas. Así, proyectó puentes que se podían construir «en poco tiempo para poder huir o seguir al enemigo». Los materiales, en muchos casos, podían encontrarse en el mismo lugar. Los diseños más sofisticados incluyen detalles de cómo fijar la cabeza del puente. Leonardo propuso también el uso de hachas con mangos de madera fuertes pero delgados «como lanzas» (también se interesó por la ligereza y resistencia de los materiales utilizados en otros proyectos, como las máquinas voladoras). Además de los sistemas para agilizar el movimiento de los ejércitos, Da Vinci ideó un método para mejorar los medios de transporte de las armas. Por ejemplo, en el Códice Atlántico se pueden ver dos diseños de este tipo en los que hay una serie de vigas que se emplean para ocultar las armas durante el transporte y también como palancas para accionarlas. Aunque estos proyectos datan de sus primeros años, se actualizaron más tarde, en 1502, cuando el genial florentino fue nombrado ingeniero militar por César Borgia, un especialista en los ataques por sorpresa.

**ESQUEMA EN 3 SEGUNDOS**

Leonardo diseñó puentes resistentes, pero también sorprendentemente ligeros, fáciles de montar y desmontar, así como carros para el transporte de armas destinados a mejorar la movilidad de los ejércitos.

**OBRA MAESTRA EN 3 MINUTOS**

Siendo ingeniero militar de César Borgia, Leonardo realizó una serie de estudios sobre las tierras y las fortalezas de la Romagna, que era uno de los objetivos de las guerras de conquista de César. El más famoso y completo de estos estudios es también una de las obras maestras de la cartografía renacentista, uno de los primeros mapas modernos: el de la ciudad de Imola, basado en medidas precisas de las distancias reales y su reproducción a escala proporcional.

**TEMAS RELACIONADOS**

*Véase* también
LA CIUDAD IDEAL
página 78

PUENTES
página 84

**MINIBIOGRAFÍA**

CÉSAR BORGIA
1475–1507
Conocido también como «il Valentino», era hijo del papa Alejandro VI. Intentó crear un estado central en Italia. Tras la muerte de su padre, perdió su poder y murió en combate en España.

**TEXTO EN 30 SEGUNDOS**

Domenico Laurenza

***En una época de innovaciones militares, la capacidad de Leonardo como ingeniero le permitió diseñar puentes y cañones móviles para conseguir el efecto sorpresa.***

# NATURALEZA

## NATURALEZA
GLOSARIO

**Códice Leicester** Se trata de un manuscrito autógrafo de Leonardo, escrito hacia 1508–1510, que consta de 18 hojas dobles de papel que contienen sus observaciones sobre la naturaleza y las propiedades del agua, así como otros aspectos de la ciencia y la tecnología. Como la mayoría de sus manuscritos, está escrito en italiano, lo que no era normal para los textos cultos de aquella época, que, por lo general, se escribían en latín. El Códice Leicester está considerado por muchos como uno de los cuadernos científicos más importantes de Leonardo, y es su único manuscrito autógrafo en manos privadas. Bill Gates, el fundador de Microsoft, lo adquirió en una subasta de Christie en Nueva York en 1994 y pagó por él más de 30 millones de dólares, lo que hizo de este el libro más caro jamás vendido. Se expone al público una vez al año en distintas ciudades en todo el mundo y todas sus páginas han sido escaneadas y están disponibles *online* como archivos digitalizados.

**ímpetu** De acuerdo con la teoría aristotélica del movimiento, cuando un impulsor pone un cuerpo en movimiento le confiere cierto ímpetu, una fuerza que hace que dicho cuerpo se mueva en la dirección en que la inicia el impulsor. Esto explica por qué una piedra continúa moviéndose cuando la persona que la lanza deja de actuar sobre ella. La resistencia del aire actúa contra el ímpetu y lo reduce hasta que no es capaz de mover el objeto y este vuelve a su estado natural de reposo.

**inercia** La inercia es una propiedad de los cuerpos que, en caso de que no haya una fuerza que actúe sobre un cuerpo, si este se halla en reposo, permanecerá en reposo, en tanto que si está en movimiento, continuará moviéndose siempre en línea recta y a una velocidad constante.

**macrocosmos y microcosmos** Antigua teoría griega que ve los mismos patrones en todos los niveles del cosmos, desde el más grande, la disposición de los planetas o universo (macrocosmos), hasta el más pequeño, el de los más diminutos componentes del cuerpo humano (microcosmos).

**percusión** En su Manuscrito A, que se conserva en el Instituto francés de París, Leonardo define la percusión como «el movimiento interrumpido por un objeto resistente» o «el fin de un movimiento incidente y el inicio de uno reflejado que tiene lugar a una velocidad, en un tiempo y en una posición indivisibles».

**primer móvil (*primum mobile*)** Aristóteles sostenía que todo movimiento depende de que haya un móvil y que tras todo movimiento debe existir una cadena de eventos que lleva de regreso a algo que mueve, pero que es inmóvil, y que es el origen del movimiento de todas las cosas. Para el gran filósofo griego, el movimiento implica algo más que pasar de un lugar a otro, ya que incluye todo cambio en el universo en un estado de fluencia. Esto lleva a lo que se denomina «primer móvil», un ser de vida eterna que aplica constantemente la fuerza, un ser que, en su *Metafísica*, Aristóteles llama también «Dios».

# EL PRIMER MÓVIL

## la teoría en 30 segundos

Leonardo da Vinci escribió ampliamente sobre el movimiento en un intento de comprender lo que se esconde tras una ley fundamental de la naturaleza que podemos observar a nuestro alrededor. Sus investigaciones le llevaron a creer en el concepto aristotélico del primer móvil (*primum mobile*) como la fuerza fundamental que subyace a todo en la naturaleza. Esta creencia era muy popular por aquel entonces y permeó el pensamiento de la baja Edad Media. En concreto, se atribuía el movimiento de los planetas a un acto divino, es decir, el de poner todas las cosas en movimiento. El primer móvil era la fuerza inmóvil original más allá de los límites de los eventos variables e imprevisibles que estaban interrelacionados con la naturaleza, con su transcurso, sus reglas y sus innumerables manifestaciones. Además, el «ímpetu», de acuerdo con la filosofía medieval, estaba tras las fuerzas que impulsaban y mantenían en movimiento todas las cosas del universo. Los conceptos de primer móvil e ímpetu se encontraban relacionados con la correspondencia entre el macrocosmos y el microcosmos. Por ejemplo, Leonardo, observó que el agua que emerge de un modo exuberante de las fuentes de las montañas, en un acto de incesante movimiento, era comparable a la savia que rezuma del extremo de una vid cortada o a la sangre que se derrama de un vaso sanguíneo tras realizar un corte en la cabeza de cualquier animal.

**ESQUEMA EN 3 SEGUNDOS**

Leonardo se esforzó en comprender las leyes de la naturaleza y, en particular, en cómo se puede explicar el movimiento. El concepto del primer móvil se consideraba subyacente a todo movimiento en el universo.

**OBRA MAESTRA EN 3 MINUTOS**

En el Códice Leicester, Leonardo dibujó pequeñas figuras de hombres en actos relacionados con los problemas desarrollados es sus páginas. El folio 8A, en concreto, está consagrado a una compleja discusión sobre los principios de la percusión y el ímpetu en el movimiento de los cuerpos y los fluidos. En él, Da Vinci dibuja el movimiento, reflejando tanto el ímpetu como la percusión. Se tiene la sensación de que las figuras se mueven con un propósito perceptible.

**TEMAS RELACIONADOS**

*Véase* también
MACROCOSMOS Y MICROCOSMOS
página 124

EL AGUA
página 128

**MINIBIOGRAFÍAS**

JEAN BURIDAN (JOHANNES BURIDANUS)
h. 1300–después de 1358
Clérigo francés que desarrolló el concepto del ímpetu, el primer paso hacia la idea moderna de inercia, y que supuso un importante desarrollo en la historia de la ciencia medieval.

BLASIUS PELACANI DA PARMA
h. 1365–1416
Filósofo, astrólogo y matemático italiano que desarrolló teorías sobre las leyes del movimiento y escribió acerca de la filosofía natural de Aristóteles.

**TEXTO EN 30 SEGUNDOS**

Marina Wallace

***Utilizando las ideas de Aristóteles como telón de fondo para las suyas propias, Leonardo intentó trazar puntos en común entre la naturaleza visible y el universo como un todo.***

EMPIREVM
HABITACVLVM
SATVRNI
IOVIS
MARTIS
SOLIS
VENERIS
MERCVRII
LVNA
ELECTORVM

# EL CUERPO DE LA TIERRA

## la teoría en 30 segundos

Leonardo consideraba que el cuerpo de la Tierra era comparable al del hombre no en el sentido de un parecido físico, sino en que los principios organizativos de ambos trabajaban de un modo paralelo a un nivel muy profundo. No es posible justipreciar la profundidad de su argumentación. En su visión del mundo, Da Vinci concebía la Tierra como un planeta vivo, con todos sus elementos en un estado de constante fluencia. Su mente trabajaba más eficientemente cuando desarrollaba analogías para explicar los misterios del universo. Por ejemplo, comparó la tráquea del cuerpo humano con el enramado de los árboles. En 1508, después de diseccionar el cuerpo de un hombre de cien años, escribió: «La Tierra tiene un espíritu vegetativo en el que su carne es el suelo, sus huesos son las configuraciones de las rocas entrelazadas de que están compuestas las montañas..., y su sangre es el agua en las venas; el lago de agua que se encuentra en su corazón es el océano, y su respiración es el aumento o disminución de la sangre durante su pulsación, tal como es el flujo y reflujo del agua en el mar».

**ESQUEMA EN 3 SEGUNDOS**

Leonardo estableció numerosas analogías entre el cuerpo de la Tierra y el del ser humano.

**OBRA MAESTRA EN 3 MINUTOS**

Da Vinci cartografió el cuerpo de la Tierra como si se tratara de una persona, dibujando los paisajes reales con tal minuciosidad que su topografía es reconocible en la actualidad. En sus dibujos se pueden identificar una serie de lugares toscanos, como un lugar particular en Lombardía, en el río Adda, cerca de la Villa Melzi, hogar de su discípulo Francesco. Se puede reconocer el arco de un pequeño puente sobre la corriente. El lugar que aparece en el fondo de *La Gioconda/Mona Lisa* ha sido identificado por algunos como el puente Burano en Toscana.

**TEMAS RELACIONADOS**

*Véase* también
MACROCOSMOS Y MICROCOSMOS
página 124

EL AGUA
página 128

**MINIBIOGRAFÍAS**

PLINIO
23–79
En su *Historia Natural* escribió que a las transiciones de Saturno siguen fuertes lluvias.

PROCLUS LYCAELIS
412–485
Filósofo neoplatónico griego que recogió por escrito las creencias de los pitagóricos: «Una vez más, en el cielo, Ares es el fuego; Júpiter, el aire, y Cronos, el agua».

**TEXTO EN 30 SEGUNDOS**

Marina Wallace

***Leonardo afirmó: «Me atrae la idea de que la naturaleza gobierne la Tierra; se parece mucho al sistema de nuestros propios cuerpos...».***

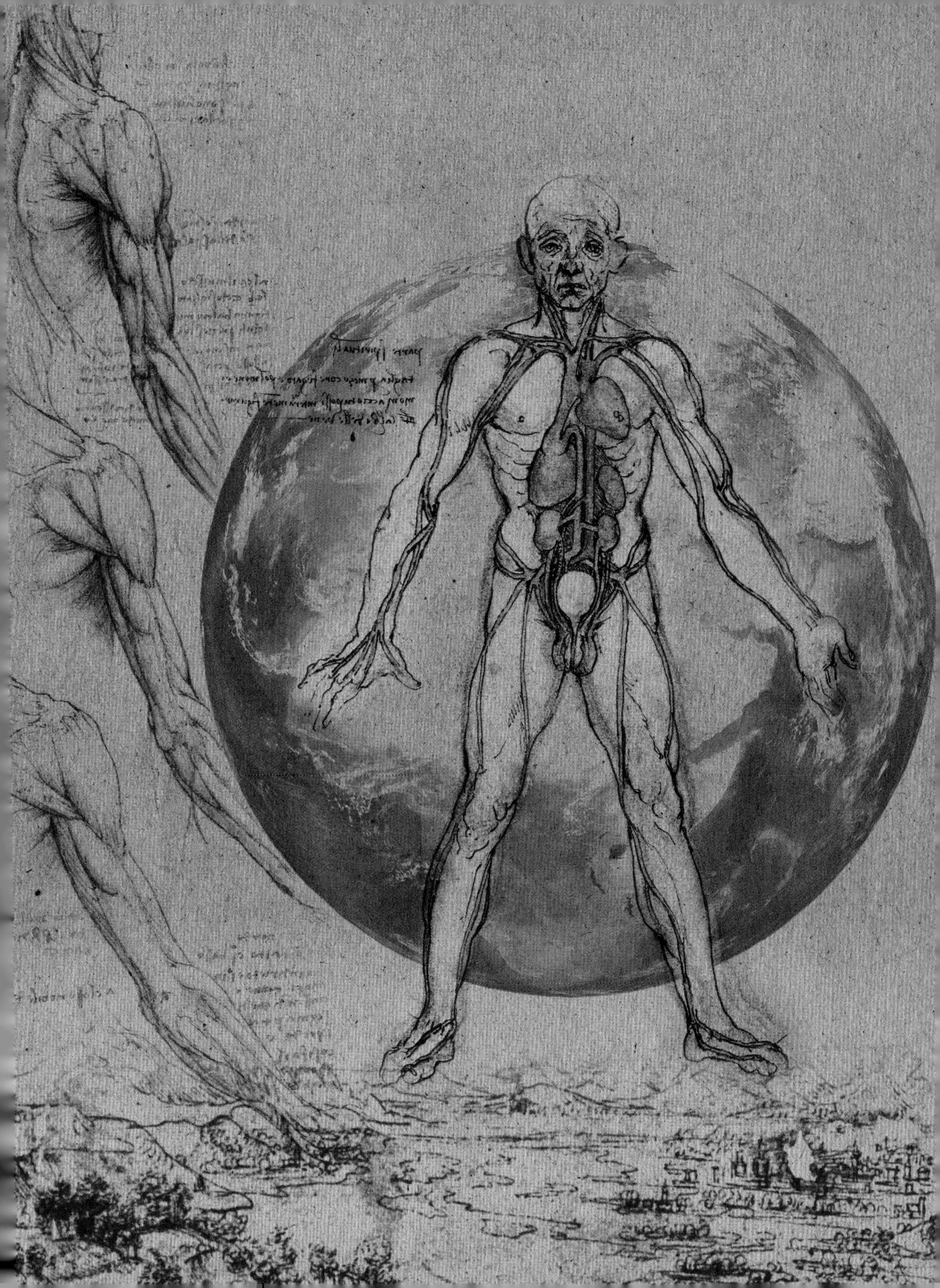

# *LA VIRGEN DE LAS ROCAS*

Se han conservado dos versiones de *La Virgen de las Rocas*, la temprana obra maestra del primer período milanés de Leonardo. A pesar de que se dispone de abundante documentación relativa a la misma, no es posible reconstruir con exactitud la historia del proyecto. La primera versión (que se ilustra aquí y que se encuentra en el Louvre, París) fue un encargo del 25 de abril de 1483 de la Cofradía de la Inmaculada Concepción de Milán como panel principal del retablo de su nueva capilla en San Francesco Grande. Sin embargo, Leonardo y sus ayudantes, Ambrogio y Evangelista da Predis, consideraron en 1489 que la Cofradía no la valoraba y, probablemente, la vendieron, quizá a Ludovico Sforza, duque de Milán. Los reflectogramas con infrarrojos muestran que en la segunda versión (en la National Gallery de Londres) empleó originalmente una composición diferente, pero es probable que, cuando dejó Milán a finales de 1499, hubiera empezado a pintar una copia bastante fiel de la primera versión. Aunque no estaba totalmente acabada, esta se instaló en el marco del retablo el 23 de octubre de 1508, fecha del último pago, más de 25 años después de haber sido encargada. En el panel de París, los gestos y las expresiones faciales de los personajes son un ejemplo del interés de Leonardo por desarrollar un intercambio narrativo entre ellos. Este tiene lugar ante la presencia central dominante de la Virgen María, con la ayuda de san Juan Bautista, cuya inclusión no había sido estipulada en el contrato original. El sutil manejo de la luz que hace Leonardo refuerza este hecho iluminando las manos y los expresivos rostros que surgen brillantes de las sombras que los rodean. La luz está controlada por la inclusión del grupo en una cueva rocosa y las figuras están suavemente iluminadas desde la izquierda. Esta estudiada iluminación genera cambios imperceptibles de tonalidad para desarrollar el delicado esfumado que modela la forma y el relieve. Las plantas en primer plano están también muy iluminadas para enfatizar sus valores simbólicos como atributos de la Virgen. El color saturado de las formas totalmente iluminadas del primer plano da paso a una tonalidad cada vez más tenue a medida que la escena retrocede hacia las escarpadas rocas del distante paisaje. El revolucionario manejo de la luz y el color de Leonardo queda a veces enmascarado por los efectos distorsionantes de varias capas de antiguo barniz amarillento. La limpieza y conservación podrían ser tan reveladoras como lo fue la reciente restauración de *La Última Cena*. La segunda versión de *La Virgen de las Rocas*, que tal vez se empezó a mediados de la década de 1490, fue pintada en su mayor parte por Leonardo, quizá con la ayuda de Ambrogio da Predis, en particular para el primer plano y el fondo rocoso.

***Francis Ames-Lewis***

# MACROCOSMOS Y MICROCOSMOS

## la teoría en 30 segundos

La analogía microcosmos–macrocosmos fue importante en el pensamiento renacentista, dado que se consideraba que el hombre era el centro del universo. En realidad, el macrocosmos y el microcosmos ya formaban parte del antiguo pensamiento griego. El propio Leonardo hizo referencia en sus manuscritos a esta antigua analogía, en particular al describir el cuerpo humano, y amplió esta teoría al conjunto de la naturaleza. Observó incansablemente detalles de la misma, y estableció paralelismos con detalles semejantes en el cuerpo de los humanos y el del resto de los animales. En sus notas leemos que se deben respetar los diseños de la naturaleza en todas sus maravillosas formas. Todos los diseños tienen una función específica, desde la fuerza majestuosa del diluvio hasta las diminutas válvulas del corazón. Entre las numerosas comparaciones que estableció entre el cuerpo del hombre y el de la Tierra, destaca la de la tráquea y las ramas de los árboles. Existe un interesante paralelismo entre el concepto de Leonardo de cuerpo y Tierra, y el de microcosmos y macrocosmos: «La cantidad total de aire que entra por la tráquea es igual a la que alcanza todas sus ramificaciones como un árbol en el que, cada año, el total estimado de sus ramas es igual al tamaño del tronco del mismo».

**ESQUEMA EN 3 SEGUNDOS**

Para Leonardo, el macrocosmos, es decir, el universo en su conjunto se reflejaba en el microcosmos o «pequeño mundo» del cuerpo humano.

**OBRA MAESTRA EN 3 MINUTOS**

Da Vinci intentó representar una síntesis de muchos sistemas en una sola imagen. Una buena prueba de ello la encontramos en su extraordinario dibujo de los sistemas respiratorio, vascular y urogenital de una mujer. Este «retrato» de los órganos internos femeninos debe entenderse como un intento de establecer una conexión con el concepto de microcosmos, en el que el cuerpo humano es una representación de lo que Leonardo denominó un «pequeño mundo», en el sentido de su magnitud frente a la del universo.

**TEMAS RELACIONADOS**

*Véase* también
EL CUERPO DE LA TIERRA
página 120

DISECCIÓN Y VISUALIZACIÓN
página 138

**MINIBIOGRAFÍA**

PICO DELLA MIRANDOLA
1463–1494
Filósofo renacentista italiano y autor del *Discurso sobre la dignidad del hombre*, considerado como el «Manifiesto del Renacimiento».

**TEXTO EN 30 SEGUNDOS**

Marina Wallace

***La interrelación fue la clave para Leonardo, que identificó un mecanismo que era común entre los innumerables vasos del sistema respiratorio humano, la naturaleza ramificada de los árboles y la red de ríos y sus afluentes que drenan la Tierra.***

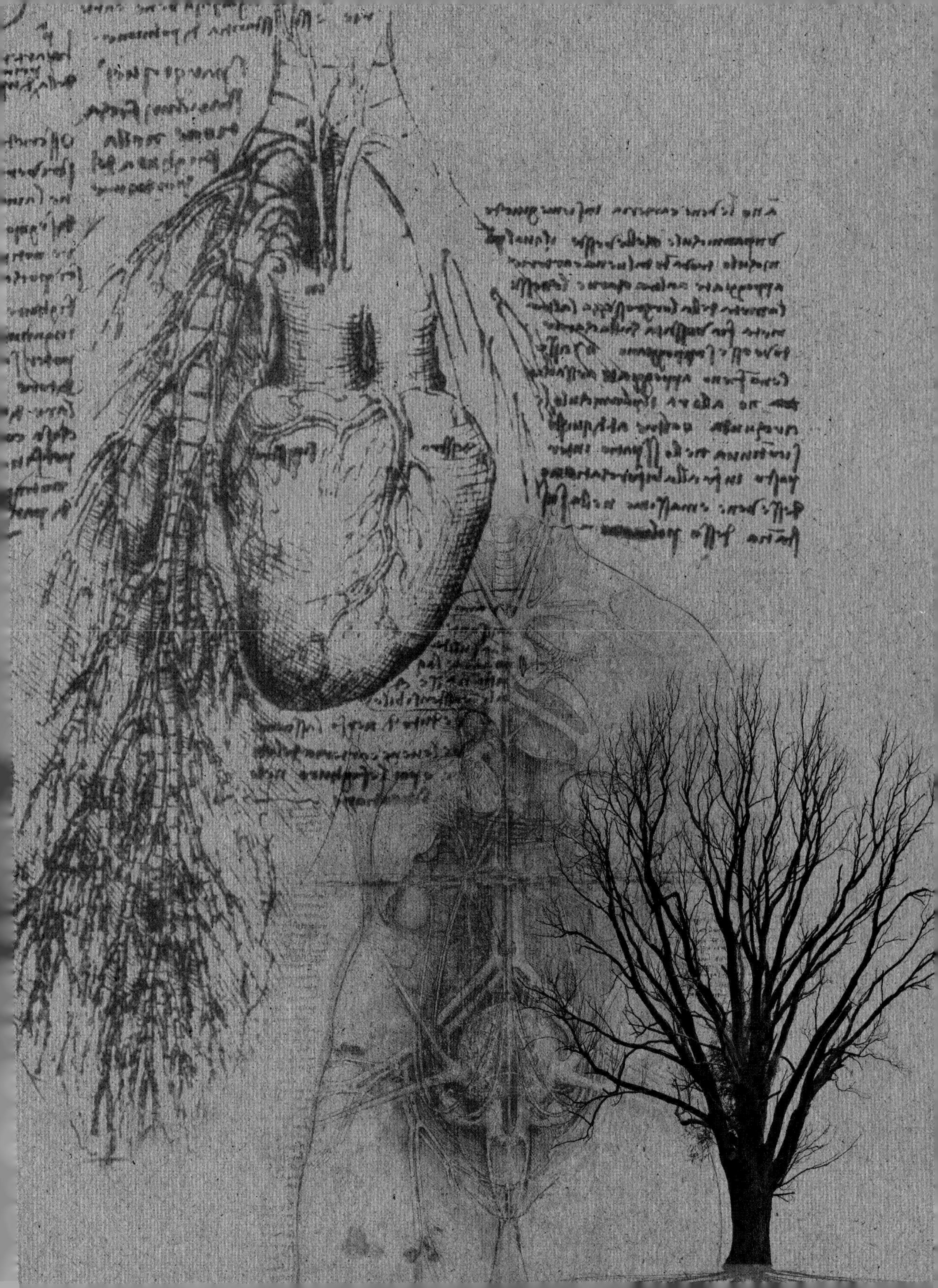

# NECESIDAD Y EXPERIENCIA

## la teoría en 30 segundos

Según la visión del mundo de Leonardo, la naturaleza es la «señora de los maestros». Además, para entender las causas y efectos del soberbio diseño de la naturaleza, Da Vinci identificó un principio supremo que se antepone a todos los demás, el de la necesidad (*necessitá*), que incorpora otros conceptos fundamentales, tales como la correspondencia directa entre forma y función, sin insuficiencia ni redundancia. De acuerdo con dicho principio, toda fuerza se gasta del modo más directo disponible. Por tanto, para conseguir un determinado objetivo, el diseño más sencillo será el más eficiente. Leonardo sentía que estos principios tan estrictos debían ser respetados por el hombre y predominar sobre cualquier ardid o empeño artificial. En su opinión, el conjunto de la naturaleza en sí está gobernado por el principio de la necesidad. Ello explica la importancia de realizar un análisis geométrico detallado para comprender, por ejemplo, por qué algunas conchas tienen una forma helicoidal, por qué las hojas y los pétalos nacen de los tallos o la razón por la que una válvula cardíaca trabaja con una economía perfecta.

**ESQUEMA EN 3 SEGUNDOS**

En la naturaleza, la forma sigue a la función. La necesidad y la geometría trabajan codo con codo para producir las formas naturales, en las que no hay nada por exceso o por defecto.

**OBRA MAESTRA EN 3 MINUTOS**

En la Royal Library de Windsor, Reino Unido, se conservan 600 dibujos de Leonardo. Muchos de ellos son magníficos estudios de plantas y animales que utilizaba en sus pinturas. Ponen de relieve la extrema precisión con la que Leonardo estudió las plantas, hojas y flores en la creencia de que los diseños de la naturaleza mostraban, al mismo tiempo, la perfección y la economía. Todo tiene su lugar en la naturaleza y los dibujos de Da Vinci son ejemplos elocuentes de este hecho.

**TEMA RELACIONADO**

*Véase* también
GEOMETRÍA PLANA
página 46

**MINIBIOGRAFÍA**

GALILEO GALILEI
1564–1642
Físico, matemático y astrónomo italiano cuyas observaciones e investigaciones se basaban en conceptos semejantes a los de Leonardo en el campo de la necesidad y la experiencia.

**TEXTO EN 30 SEGUNDOS**

Marina Wallace

***Leonardo creía que la arquitectura universal de la necesidad era la geometría al afirmar que «la necesidad es la señora y la maestra de la naturaleza, el límite, la norma y el tema».***

# EL AGUA

## la teoría en 30 segundos

El elemento más visible y dinámico, el agua, constituye un medio perfecto para entender las fuerzas que ponen en acción todos los elementos, y Leonardo la estudió incansablemente. Comparó el flujo del agua con el del aire, y las ondas del agua con las del sonido y la luz. Sugirió que la Tierra estaba dentro de una «esfera acuosa», que representó con un triángulo en un círculo con los ángulos que sobresalen de la circunferencia. Describió el principio como una pirámide incrustada en una esfera de agua, donde los elementos salientes representaban las masas continentales y las montañas. Para explicar por qué la Tierra se mantenía esférica, propuso introducir un cubo de plomo «del tamaño de un grano de mijo fijado a un hilo en una gota de agua»: esta no perdería la redondez original, aunque su volumen aumentaría en el del cubo introducido en ella. Sin embargo, hubo un problema para el que Leonardo no encontró solución en toda su vida, tal como les había ocurrido a sus predecesores y contemporáneos: el agua surge con fuerza del cuerpo de la Tierra, pero ¿cómo podía suceder esto si el nivel superior del agua estaba más abajo, en la superficie de los mares?

**ESQUEMA EN 3 SEGUNDOS**
Leonardo concebía el mundo como entrecruzado por un sistema circulatorio de canales comparable al cuerpo del hombre, regido por las leyes paralelas de la naturaleza que veía dominar en el cuerpo de la Tierra.

**OBRA MAESTRA EN 3 MINUTOS**
Ludovico Sforza instaló una granja modelo cerca de Vigevano, no muy lejos de Milán, con objeto de crear un vanguardista sistema de riego. Leonardo visitó la granja, hizo observaciones sobre las compuertas y las esclusas, y realizó propuestas para mejorar la instalación. Hizo un esbozo pequeño pero expresivo de una serie de elementos al respecto. Otro dibujo maravilloso de Leonardo sobre el control de las corrientes de agua es un plan esquemático para Florencia y el río Arno.

**TEMAS RELACIONADOS**
*Véase* también
CARTOGRAFÍA Y CANALES
página 82

EL CUERPO DE LA TIERRA
página 120

**MINIBIOGRAFÍA**
LUDOVICO SFORZA
1452-1508
Cuarto hijo de Francesco Sforza, fue duque de Milán desde 1489 hasta su muerte. Fue mecenas de Leonardo da Vinci y de otros artistas.

**TEXTO EN 30 SEGUNDOS**
Marina Wallace

***El agua fue el único tema que ocupó a Leonardo toda su vida, y fue objeto de algunos de sus dibujos más extraordinarios e ingeniosos esquemas prácticos, como uno para desviar el río Arno, datado hacia 1504.***

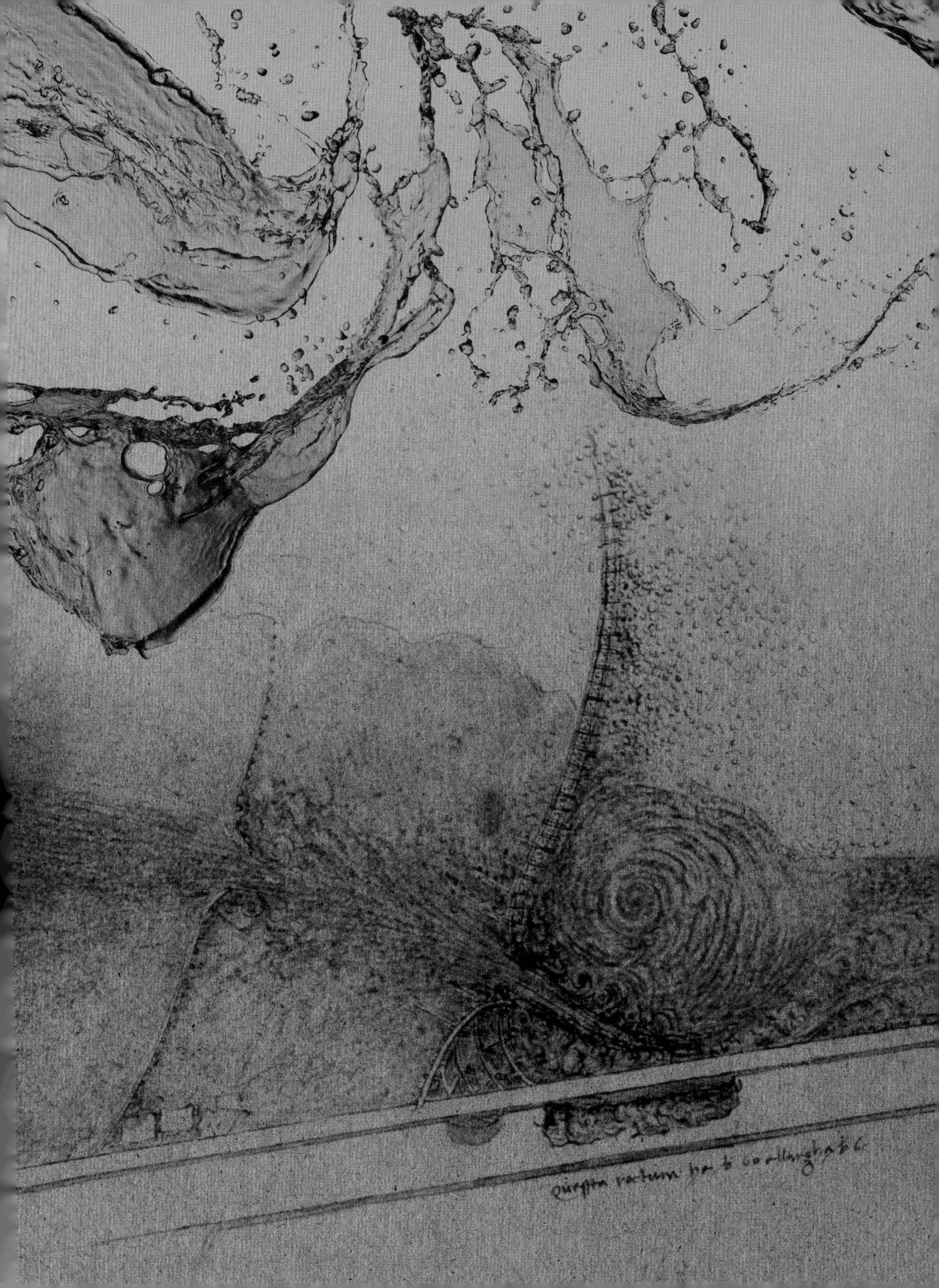

# EL VÓRTICE

## la teoría en 30 segundos

Para Leonardo, el fenómeno de los vórtices era una gran fuente de inspiración. Los observó sobre todo en el agua, y los dibujó de un modo que recuerdan los rizos del cabello o las hojas de plantas que tan a menudo aparecen en sus obras. Su creencia en la interconexión entre todas las formas naturales y el poder creativo de la naturaleza que todo lo rige se pone de manifiesto de un modo notable en su observación de los vórtices. La forma espiral presente en los mismos debió de ejercer una atracción adicional sobre Leonardo, a quien intrigaban las formas espirales de las escaleras de caracol y de las conchas. En su análisis de la forma de los vórtices, identificó dos partes: la dirección primaria del movimiento en línea recta y el movimiento de revolución resultante del encuentro del elemento con su propia masa. Escribió: «Véase el movimiento de la superficie del agua, que es como el de los cabellos, que tiene dos movimientos: uno que responde al peso de los mechones del cabello y el otro a la dirección de los rizos». Da Vinci recibió el título de «Maestro del agua», lo que le permitió aunar la teoría y la práctica. Cuando fue consultado por las autoridades en Florencia y Venecia, siempre intentó demostrar por qué los vórtices desgastaban las orillas de los ríos y constituían un riesgo para la seguridad de las ciudades.

**ESQUEMA EN 3 SEGUNDOS**

A Leonardo le fascinaba el movimiento turbulento. El de los vórtices era particularmente poderoso, ya que su velocidad aumenta al acercarse al centro. Creó convincentes imágenes del agua en movimiento espiral.

**OBRA MAESTRA EN 3 MINUTOS**

Los extraordinarios dibujos de Leonardo de las válvulas cardiacas, para el estudio del mecanismo de la turbulencia de la sangre, datan de hacia 1513, fruto de la observación directa al diseccionar el corazón de un buey. Representó la válvula tricúspide en un dibujo que es un ejemplo de claridad. Creó también modelos gráficos del flujo de la sangre, con dibujos comparativos con las espirales de los capiteles jónicos.

**TEMAS RELACIONADOS**

*Véase* también
EL DILUVIO
página 32

EL AGUA
página 128

**MINIBIOGRAFÍAS**

FABRICIO DE PADUA
1537–1619
Anatomista y cirujano italiano que investigó, entre otras cosas, el flujo de la sangre por las venas.

WILLIAM HARVEY
1578–1657
Médico inglés que fue el primero en describir el modo en que el corazón bombea la sangre a todo el cuerpo (circulación de la sangre).

**TEXTO EN 30 SEGUNDOS**

Marina Wallace

***Los vórtices observados por Leonardo están omnipresentes: en las aguas turbulentas, en las tranquilas ondas de los ríos, en las majestuosas olas del mar, en los bordes de las hojas, en los zarcillos en el cabello humano y en muchos otros elementos naturales.***

# LAS FUERZAS DE LA NATURALEZA

## la teoría en 30 segundos

Lo más espectacular del estudio del cuerpo de la Tierra por parte de Leonardo tiene que ver con su amplia investigación sobre el origen de los fósiles y el Diluvio bíblico. De acuedo con el Génesis, cuando Dios separó las tierras y las aguas, las dispuso para siempre en la forma en que se encuentran en la actualidad. Sin embargo, los antiguos filósofos ya habían detectado la presencia de conchas de criaturas marinas en las laderas de las montañas y otras evidencias geológicas de grandes transformaciones en las topografías de la tierra y el mar, y para muchos autores, como Séneca, era evidente que las posiciones de las tierras y los mares no podían haber sido siempre como eran entonces. Una explicación medieval fue que los «fósiles» eran «bromas» de la naturaleza y que aparecían como consecuencia de algún depósito mágico o actividad astrológica. Huelga decir que Leonardo descartó esta teoría. Y es que él tenía también graves reticencias a la hora de aceptar la idea de que las capas de conchas eran una muestra de la veracidad del relato bíblico sobre la inundación de la Tierra y la conservación de las criaturas de Dios en el arca de Noé. Registró relatos de terremotos que se tragaban los lagos, y de bosques hundidos en la tierra acompañados de inundaciones torrenciales. Las representaciones de Leonardo de las fuerzas invisibles de la naturaleza son sorprendentemente modernas, tanto en términos de su ingenuidad gráfica como de su capacidad expresiva.

**ESQUEMA EN 3 SEGUNDOS**

A Leonardo le fascinaban las fuerzas de la naturaleza. Observó y describió el poder destructor de los terremotos, de las inundaciones torrenciales y de los fuertes vientos. Puso en duda las teorías medievales sobre el origen de los fósiles y objetó las explicaciones convencionales del Diluvio bíblico.

**OBRA MAESTRA EN 3 MINUTOS**

Da Vinci habría sido productor cinematográfico si el cine se hubiera inventado por aquel entonces. Y es que sus dibujos tienen un marcado efecto cinematográfico. Como parte de su interés por la naturaleza, dibujó una montaña en explosión, donde detalló las rocas estratificadas que se abren en abanico al saltar por los aires. En muchos otros dibujos se sugiere de una forma muy intensa la sensación de movimiento.

**TEMAS RELACIONADOS**

*Véase* también
EL CUERPO DE LA TIERRA
página 120

EL AGUA
página 128

**MINIBIOGRAFÍA**

PLINIO
23–79 d. C.
Historiador romano, autor de *Naturalis Historia*, que murió mientras observaba la erupción del Vesubio sobre Pompeya en el año 79.

**TEXTO EN 30 SEGUNDOS**

Marina Wallace

***Los dibujos del «diluvio» bien podrían ser la visión apocalíptica de Leonardo de un paisaje azotado por una catástrofe de magnitud bíblica, en la que se ven las corrientes incontroladas de aire, nubes, lluvia y agua que se unen en una turbulencia universal que lo asola todo.***

# ANATOMÍA Y ESTUDIOS ANATÓMICOS

## ANATOMÍA Y ESTUDIOS ANATÓMICOS
GLOSARIO

**anatomía comparada** El interés de Leonardo por la anatomía no se limitó al estudio del cuerpo humano, sino que también diseccionó caballos, vacas y perros para comparar su estructura con la del cuerpo humano. Realizó numerosos dibujos del mismo miembro, en la misma posición, uno humano y otro perteneciente a un animal, para comparar sus diferentes elementos.

**antropometría** Es el estudio de las medidas y proporciones del cuerpo humano. En los textos alrededor del *Hombre de Vitruvio*, Leonardo hace una lista de sus observaciones sobre las relaciones entre diversas medidas del cuerpo humano, como la que establece que «la distancia entre las puntas de los dedos de las manos con los brazos extendidos es igual a la estatura».

**calcáneo** Hueso del talón, el más grande del pie humano, en el que se inserta el tendón de Aquiles.

**Colección Windsor** La Royal Library del castillo de Windsor, Reino Unido, alberga más de 600 dibujos de Leonardo, lo que la convierte en una de las colecciones más grandes del mundo. Abarca los períodos principales de la vida del genial artista italiano e incluye retratos y estudios anatómicos, así como bosquejos botánicos.

**disección** Es la deconstrucción cuidadosa y metódica de un cuerpo dividiéndolo en partes para estudiar sus componentes internos. En el invierno de 1510–1511, Leonardo realizó no menos de 20 disecciones de cuerpos humanos con Marcantonio della Torre, profesor de Anatomía en la Universidad de Pavía. En el Manuscrito A, dedicado a la anatomía, Da Vinci describió el cuerpo humano con sorprendente precisión mediante más de 13.000 palabras y 240 dibujos. Las comparaciones con las modernas imágenes médicas muestran lo avanzado de las investigaciones de Leonardo.

**fisiognomía** Estudio de la relación existente entre el aspecto físico y, sobre todo, la fisonomía con el carácter de un individuo. Un antiguo texto griego denominado *Physiognomika* («El arte de juzgar el carácter de una persona por su cara»), atribuido a Aristóteles, proponía un sistema para interpretar las expresiones faciales. Leonardo no tomó en consideración esta teoría sin fundamentos científicos, pero de todos modos llegó a la conclusión de que las líneas causadas por las expresiones faciales eran indicadoras del carácter de una persona.

**humores** Los cuatro humores de la medicina griega son los fluidos vitales esenciales para el correcto funcionamiento del cuerpo e influyen en la mente, los pensamientos y las emociones. Cuando están en equilibrio (*eucresia*), hay salud, pero si se desequilibran (*discresia*), se presenta la enfermedad. Los crea el hígado y son: sangre, flema, bilis amarilla y bilis negra.

**medicina hipocrática** Hipócrates (460–370 a. C.) fue un médico griego al que se considera «el padre de la medicina». Fue el primero en afirmar que las enfermedades son procesos naturales y que los síntomas de las mismas se deben a las reacciones naturales de defensa del cuerpo. Se dio cuenta de que el cuerpo humano actúa como un todo («*physis*») y que debería tratarse como tal mediante un proceso holístico, e hizo especial hincapié en la importancia de la dieta y del ejercicio.

**sentido común** Según Aristóteles, los cinco sentidos (vista, oído, olfato, gusto y tacto) confluyen en una «unidad superior» que analiza y procesa la percepción de los mismos como un todo. En su *De Anima* trata sobre este punto central en nuestra mente como «*koine aisthesis*», o sentido común.

**sistema circulatorio** (sistema cardiovascular) Consta del corazón, las arterias, las venas y los capilares. La sangre es bombeada por el corazón y lleva el oxígeno y los nutrientes a las células de los tejidos y órganos del cuerpo. Después regresa al corazón tras haber sido enriquecida con oxígeno en los pulmones.

**tendón de Aquiles** En sus estudios sobre las articulaciones de la rodilla y el tobillo, Leonardo hace continuas referencias a las analogías con la palanca. En uno de los casos, describe el tendón de Aquiles como una palanca que eleva el talón, utilizando la parte anterior del pie como fulcro, y mide con exactitud la fuerza del tendón aplicando las leyes de la palanca.

# DISECCIÓN Y VISUALIZACIÓN

## la teoría en 30 segundos

Continuando con la tradición nacida en el siglo XIV, Leonardo hizo hincapié en la importancia de la disección y realizó docenas de disecciones de cuerpos humanos. Estas no se llevaron a cabo en lugares secretos, como tantas veces se ha dicho, sino en hospitales como el de Santa Maria Novella de Florencia o Santa Maria della Consolazione de Roma. La carencia de los modernos sistemas de conservación implicaba que las disecciones tuvieran lugar en invierno, cuando los cadáveres se mantenían en buen estado durante más tiempo. En Florencia, hizo la disección del cuerpo de un anciano y, al mismo tiempo, el de un niño de dos años para estudiar el cambio de los cuerpos con el transcurso del tiempo. En Roma realizó disecciones para entender la relación entre la madre y el feto. Entre Milán y Pavía llevó a cabo más disecciones sistemáticas en colaboración con el joven anatomista Marcantonio della Torre. La disección era un proceso analítico. Entender la forma de una vena implicaba la destrucción de los tejidos y órganos circundantes. Por tanto, era necesario disponer de imágenes que representaran no solo las partes individuales del cuerpo, sino también sus posiciones en relación con la demás partes. Leonardo tuvo la capacidad de realizarlas, y la complejidad visual de sus imágenes anatómicas no fue superada durante siglos.

**ESQUEMA EN 3 SEGUNDOS**
Gracias a sus representaciones gráficas sumamente detalladas, Leonardo pudo haber revolucionado los estudios de medicina que, hasta entonces, se habían basado, en gran parte, en descripciones escritas.

**OBRA MAESTRA EN 3 MINUTOS**
En 1543, Andrea Vesalio publicó *De humani corporis fabrica*, la obra maestra de la anatomía del Renacimiento, muy elogiada por sus bellas imágenes anatómicas. Estas eran menos complejas que las de Leonardo pero, tras su publicación, llegaron a las manos de otros científicos, lo que no ocurrió con las de Leonardo. Vesalio, aparte de ser un gran anatomista, supo publicitar su trabajo, algo que Da Vinci no fue capaz de hacer.

**TEMA RELACIONADO**
*Véase* también
PERSPECTIVA LINEAL
página 38

**MINIBIOGRAFÍAS**

MONDINO DE' LIUZZI
h. 1270–1326
Anatomista y profesor de cirugía italiano.

MARCANTONIO DELLA TORRE
1481–1511
Anatomista italiano.

ANDREA VESALIO
1514–1564
Anatomista, médico y cirujano flamenco.

**TEXTO EN 30 SEGUNDOS**
Domenico Laurenza

***Leonardo realizó infinidad de aportaciones al estudio de la anatomía que abarcaron el método, el lenguaje y el contenido, y presentaron algunos de los estudios más precisos jamás realizados.***

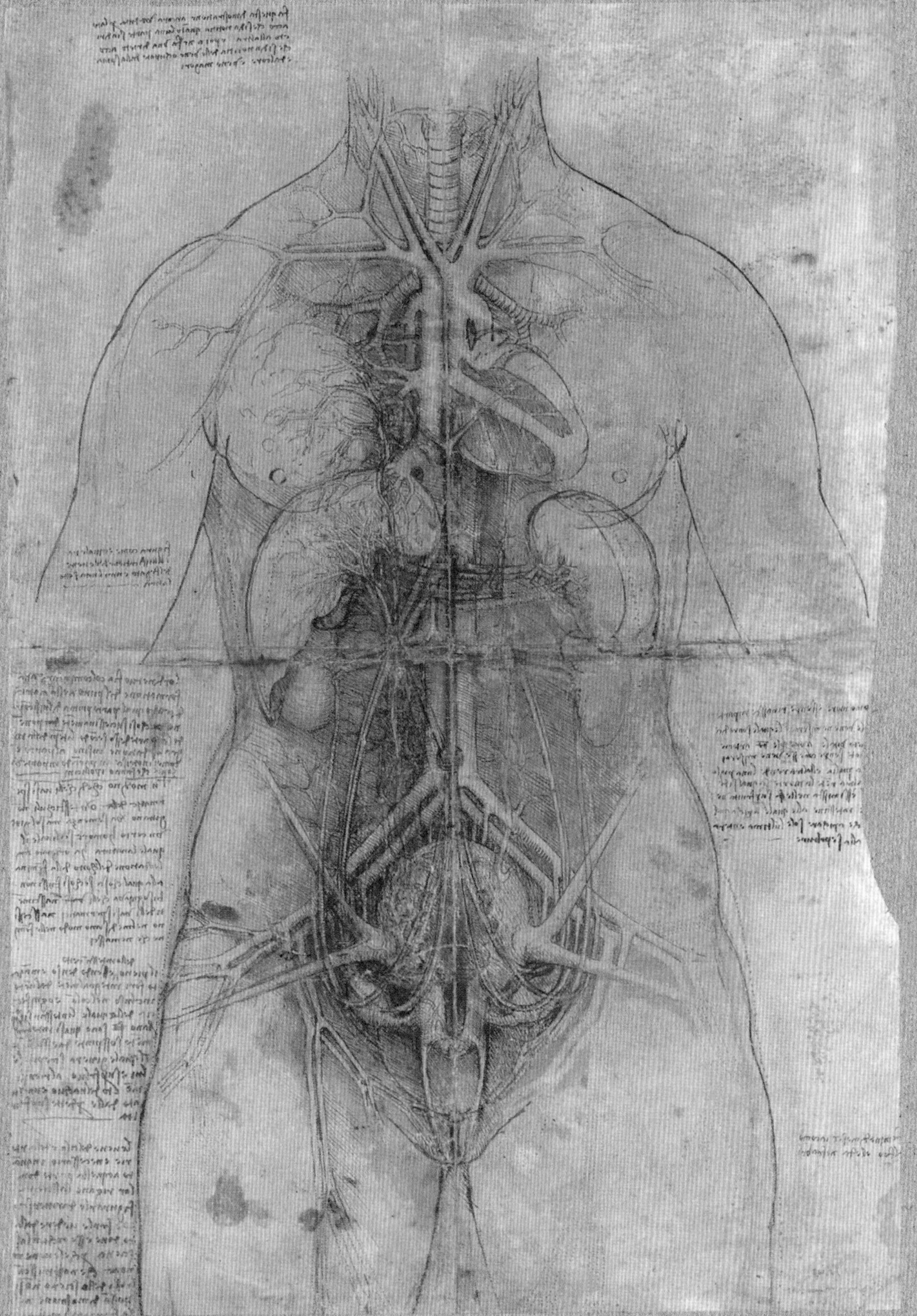

# LA MÁQUINA DEL CUERPO

## la teoría en 30 segundos

Leonardo aplicó a menudo los conceptos que había desarrollado en sus proyectos de máquinas y sus componentes en el estudio de los cuerpos, humanos y animales. Sometió al cuerpo humano a un serio análisis estático y dinámico, estudiándolo como un todo, y a los miembros como sistemas de palancas que giraban apoyadas en sus fulcros. Por ejemplo, en la parte inferior de la pierna analizó el movimiento de elevación del calcáneo por el tendón de Aquiles, un conjunto que funciona como una palanca, con el fulcro en la parte anterior del pie. Comparó la columna vertebral con el mástil de un buque, soportada por músculos y costillas, como lo hacen los cordajes que aseguran el mástil. La producción de calor en el corazón lo llevó a compararlo con un horno. Comparó también el modo en que el pecho se alza durante la respiración con un peso que levanta una barra mediante una polea. Aplicó este análisis estático y dinámico a los movimientos de la cabeza, de los miembros y del torso del cuerpo como un todo, en estudios que casi en su totalidad se han perdido, pero de los que conocemos indirectamente su existencia gracias a los dibujos contenidos en el Códice Huygens, que se halla en la actualidad en la biblioteca Morgan Library de Nueva York.

**ESQUEMA EN 3 SEGUNDOS**
Leonardo estudió el cuerpo animal utilizando los principios de la mecánica al analizar sus movimientos en términos de palancas, fulcros y otros conceptos de ingeniería.

**OBRA MAESTRA EN 3 MINUTOS**
Da Vinci diseñó un robot humanoide y un león mecánico. El primero era capaz de caminar, mover los brazos y abrir la boca. El león mecánico, diseñado para una celebración en Francia en honor de Francisco I, podía dar unos pasos, sentarse sobre sus patas traseras, mover la cola y, por último, abrir su pecho para mostrar un ramo de lirios.

**TEMA RELACIONADO**
*Véase* también
VEHÍCULO AUTOPROPULSADO
página 72

**MINIBIOGRAFÍA**
FRANCISCO I
1494–1547
Rey francés y último mecenas de Leonardo.

**TEXTO EN 30 SEGUNDOS**
Domenico Laurenza

***Los dibujos animados por ordenador actuales demuestran que las creaciones de Leonardo que representan en dos dimensiones el complejo conjunto de movimientos de los miembros y las articulaciones tienen una precisión sorprendente.***

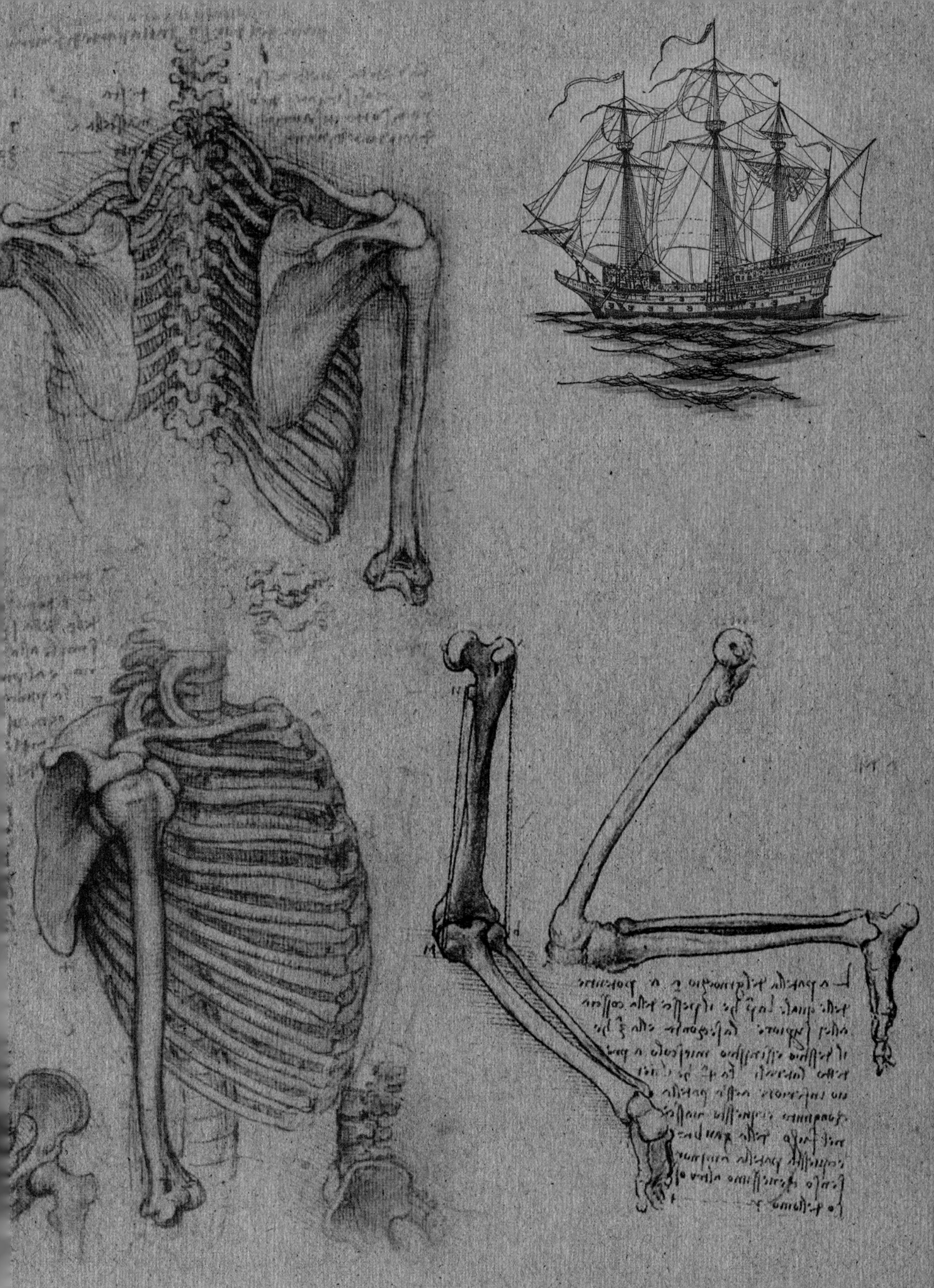

# LOS FLUIDOS DEL CUERPO

## la teoría en 30 segundos

En tiempos de Leonardo, los fluidos tenían una importancia capital en la medicina. En aquella época no solo se creía que los sistemas urinario, respiratorio e intestinal se basaban en fluidos, sino que también se concebían los impulsos nerviosos como un fluido aéreo que, procedente del cerebro, «soplaba» en los nervios. Además, la medicina hipocrática se había basado en la noción de cuatro «humores» fluidos, los cuatro temperamentos. La aportación más significativa de Da Vinci fue la relativa a la sangre y al aparato cardiovascular. En concreto, descubrió que el corazón es un músculo y que, por consiguiente, la vida es una cuestión de fuerza. También imaginó el modo en que la sangre, que se mueve turbulentamente entre las cámaras del corazón, se refina por fricción, transformándose de sangre venosa en sangre arterial, menos densa, llena de calor y con oxígeno. Al circular por las arterias, esta sangre aviva todo el cuerpo y sus órganos. Leonardo no descubrió la circulación de la sangre, pero sus estudios del corazón son, desde el punto de vista anatómico, más detallados que los de William Harvey, considerado como el descubridor de la misma. Algunos de los estudios de Leonardo se basan en disecciones humanas. Otros, realizados mientras vivía en casa de su alumno Francesco Melzi en Vaprio d'Adda (hacia 1513), se apoyan en disecciones de animales.

**ESQUEMA EN 3 SEGUNDOS**
Leonardo estudió todos los fluidos del cuerpo, en particular la sangre y sus movimientos en las cavidades del corazón, del que descubrió que era un músculo.

**OBRA MAESTRA EN 3 MINUTOS**
Sobre la base de la antigua analogía entre macrocosmos y microcosmos, entre el cuerpo de la Tierra y el cuerpo humano, Leonardo comparó el corazón con el océano y los vasos con los ríos. Esta analogía, que revisó más tarde de forma crítica, la amplió a la arquitectura y a la planificación urbana, como en el caso del proyecto de una ciudad con canales de entrada para las mercancías y de salida para los desperdicios.

**TEMAS RELACIONADOS**
*Véase* también
LA CIUDAD IDEAL
página 78

EL CUERPO DE LA TIERRA
página 120

**MINIBIOGRAFÍAS**
FRANCESCO MELZI
h. 1492–1570
Noble, pintor y alumno de Leonardo.

WILLIAM HARVEY
1578–1657
Médico y anatomista, el primero en describir con todo detalle la circulación de la sangre.

**TEXTO EN 30 SEGUNDOS**
Domenico Laurenza

***Su análisis de la anatomía funcional del corazón llevó a Leonardo a retomar el concepto renacentista de que los fluidos en el cuerpo actúan como parte del continuo macrocosmos/microcosmos, en el que la biología humana estaba regida por los mismos principios observados en el mundo natural.***

Damanhour
Tantah
Belbeis
EGYPT
Achmoun
LE CAIRE
Gizeh
Bedrachein
Atfeh
Medinet el Fayoum
Beni Soueyf
Abou Girgeh
Désert de la Thébaïde
Nil
Minieh
Melaoui
Manfalout
Kabou El Kebir
Tahtah
Menchieh
Girgeh
Samhoud
Denderah
Khardjeh
Gainah
Boulac
Khardjeh
Esné
Edfou
Gouagour
Redesieh
Dakakhin

# LA BÚSQUEDA DEL ALMA

## la teoría en 30 segundos

Leonardo aborda con frecuencia la noción de «alma» en sus estudios anatómicos. Estudió el alma no solo como una fuerza vital, sino también desde un punto de vista psicológico, como lo que en la psicología aristotélica y medieval se denominaba «sentido común», o facultad sensitiva, en la que convergen todas las sensaciones externas. En concreto, Da Vinci concebía el sentido común como el alma intelectual, e intentó ubicarlo en el cuerpo. En sus estudios sobre el cráneo (en la colección Windsor), localiza el alma en los puntos de cruce de las líneas de intersección en el interior del cráneo. En uno de dichos estudios, una de esas dos líneas se halla a una distancia del rostro que mide «un tercio de la cara del hombre». Dicho de otro modo, Leonardo revirtió, en el interior del cuerpo, una de las tres divisiones visibles en la cara del *Hombre de Vitruvio*. El alma la situó, desde luego, en el centro del cerebro.

**ESQUEMA EN 3 SEGUNDOS**
Leonardo creyó localizar el alma intelectual en el centro del cráneo.

**OBRA MAESTRA EN 3 MINUTOS**
Da Vinci también situó el sentido común en las cavidades o «ventrículos» del cerebro. En uno de sus experimentos, inyectó cera en el cerebro de un animal (quizá una vaca). Después eliminó el tejido cerebral para obtener un molde exacto de las cavidades el cerebro del animal.

**TEMA RELACIONADO**
*Véase* también
ANTROPOMETRÍA
página 150

**MINIBIOGRAFÍAS**

ARISTÓTELES
384–322 a. C.
Filósofo griego activo en todos los campos de la filosofía y la ciencia, que fue el primero en estudiar la anatomía del hombre y de los animales.

GALENO
h. 129–200 d. C.
Famoso cirujano y anatomista romano, autor de numerosos tratados médicos.

**TEXTO EN 30 SEGUNDOS**
Domenico Laurenza

***Los estudios anatómicos y las disecciones realizadas por Leonardo bien pudieron deberse en buena medida a la búsqueda del alma como medio para entender la manera en que funciona el cuerpo humano.***

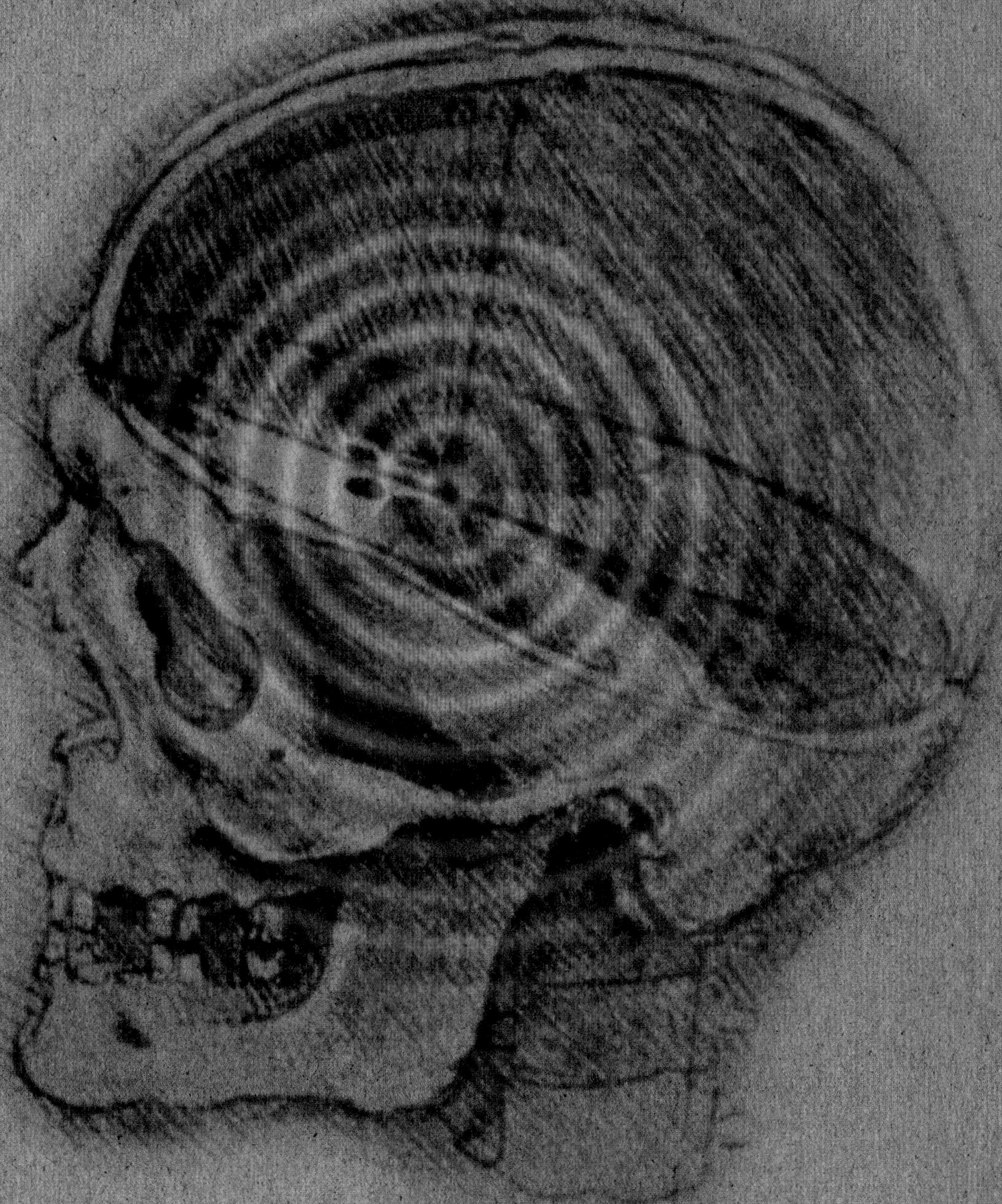

# EL HOMBRE Y LOS ANIMALES

## la teoría en 30 segundos

El enfoque dado por Leonardo a la anatomía hace hincapié en lo que tienen en común el hombre y el resto de los animales. En este sentido, definió al primero partiendo desde «abajo», del mundo animal, cuando durante siglos, antes y después de Da Vinci, la tendencia dominante en la biología iba en la dirección opuesta; de hecho, en el siglo XVIII Carlos Linneo todavía clasificaba a los animales partiendo desde «arriba», es decir, de la anatomía humana y caracterizando a aquellos por lo que carecían en comparación con el hombre. Leonardo llevó a cabo serios estudios de anatomía comparada, pero por desgracia se han conservado muy pocos. En un ejemplo, compara las extremidades del hombre y del caballo, mientras que en otro hace hincapié en los elementos comunes a ambas poniendo al hombre de puntillas. Asimismo, estudia las emociones, un aspecto de la denominada alma sensitiva compartida por los humanos y el resto de los animales de acuerdo con la psicología de la época, en un dibujo en el que representa las cabezas de un hombre, un caballo y un león, todas ellas deformadas por una expresión de miedo y furia. Sus estudios fisiognómicos del tipo humano colérico están también íntimamente relacionados tanto con la anatomía comparada como con los estudios de las emociones en el hombre y el resto de animales.

**ESQUEMA EN 3 SEGUNDOS**

Leonardo llevó a cabo estudios de anatomía comparada y fisiognomía, en los que enfatizó los aspectos psicológicos compartidos por el hombre y el resto de los animales.

**OBRA MAESTRA EN 3 MINUTOS**

La fisiognomía, que juzga el carácter a partir de las características faciales, formaba parte de la zoología aristotélica y de la antigua medicina psicosomática. Estudiaba el carácter permanente de las personas, no el de sus emociones puntuales. Tras su redescubrimiento en la Edad Media y en el Renacimiento, gozó de un resurgimiento, poco antes de que Charles Darwin revolucionara el estudio del hombre y los animales con su obra *La expresión de las emociones en los animales y en el hombre*.

**TEMAS RELACIONADOS**

*Véase* también
HELICÓPTERO
página 58

*LA BATALLA DE ANGHIARI*
página 88

**MINIBIOGRAFÍAS**

CARLOS LINNEO
1707–1778
Botánico, zoólogo y médico sueco.

CHARLES DARWIN
1809–1882
Naturalista inglés.

**TEXTO EN 30 SEGUNDOS**

Domenico Laurenza

***A contracorriente de su tiempo, Leonardo da Vinci cuestionó la superioridad de los seres humanos al comparar los aspectos anatómicos y emocionales comunes al hombre y el resto de los animales.***

# LA ANUNCIACIÓN

*La Anunciación* (en los Uffizi de Florencia) es el panel independiente más antiguo que se conserva de la obra de Leonardo. Se cree que fue pintado para el monasterio de San Bartolomeo en Monte Oliveto, en las afueras de Florencia, y podría haber sido la «obra maestra» de Leonardo para su admisión en el gremio de pintores. Sus virtudes y sus defectos e inconsistencias permiten pensar que la pintó entre 1472 y 1475, cuando era todavía un ayudante en el taller de Verrocchio.

Leonardo tuvo problemas con la ubicación de la Virgen, que está sentada demasiado lejos del atril para que su mano lo alcance, como parece que quiere hacer, manteniendo el libro abierto y señalando la página que está leyendo. Por otro lado, la decoración del atril, que deriva directamente del concepto ornamental de Verrocchio, es demasiado elaborada. Asimismo, los atuendos, pesados y sin vida, demasiado complejos, poco naturales y basados en dibujos laboriosamente elaborados en el taller con pincel sobre lienzo, son también una muestra de la falta de madurez artística del joven Leonardo. Sin embargo, la cuidadosa distribución espacial demuestra que ya dominaba la perspectiva geométrica: las ortogonales se dirigen al punto de fuga en el horizonte, justo en el centro del panel. Un detalle que ya anticipa las características atmosféricas de los posteriores paisajes de Da Vinci es la tonalidad tenue y difusa del puerto del fondo ante las distantes y neblinosas montañas. Este telón de fondo contrasta con los brillantes colores y ricos tonos verdes del jardín simbólico de la Virgen, un contraste que se ha puesto de manifiesto en una reciente limpieza del panel. En él, el ángel Gabriel, que con su llegada inquieta a la Virgen, está a punto de arrodillarse sobre su rodilla derecha, y su pierna izquierda detiene su movimiento de avance. El lirio, símbolo de la virginidad de María, y que Gabriel mantiene cerca de su cara, se muestra con un naturalismo precoz que anticipa la sutil observación y reproducción de la naturaleza en los estudios de plantas que realizaría más tarde en su carrera. Leonardo, que ya da muestras de su preocupación por la comunicación narrativa, se asegura de que el perfil de Gabriel, con la boca ligeramente abierta en el saludo y la mano derecha extendida en actitud de bendición, destaque contra los motivos de un fondo algo oscuro para conseguir una mayor claridad. Los expresivos gestos de las manos de los personajes, la delicada belleza de sus rostros y los ondulados bucles de sus cabellos anticipan también las características de las futuras obras del autor. *La Anunciación* es importante como una obra precoz de un pintor inmensamente prometedor, en la que se anuncian muchas de las características del Leonardo maduro.

***Francis Ames-Lewis***

# ANTROPOMETRÍA

## la teoría en 30 segundos

Durante el Renacimiento, los artistas estudiaron las proporciones del cuerpo humano no solo para conseguir una representación precisa de la figura humana en la pintura o en la escultura, sino también para crear una arquitectura en la que las proporciones de las diversas partes de un edificio se correspondieran con las de las diferentes partes del cuerpo humano. En su más famoso estudio antropométrico, el denominado *Hombre de Vitruvio*, Leonardo representa gráficamente la teoría del arquitecto romano Vitruvio, según la cual el cuerpo humano de proporciones perfectas encaja en un cuadrado y en un círculo. Las aportaciones de Da Vinci en este campo fueron innovadoras en muchos aspectos. Así, amplió el estudio de las proporciones al movimiento y al tiempo. De hecho, estudió el cambio de las proporciones del cuerpo en la transición de una posición a otra, como por ejemplo de estar de pie a estar sentado y arrodillado, así como su modificación con la edad, como en un dibujo en el que compara las medidas de los rostros de un hombre joven y uno viejo. Asimismo, amplió el estudio de las proporciones para incluir las de algunos animales, como caballos y perros. También estudió las proporciones de la anatomía interna del cuerpo humano, algo desconocido hasta entonces.

**ESQUEMA EN 3 SEGUNDOS**

Leonardo revolucionó la antropometría del Renacimiento con la inclusión del tiempo y el movimiento, así como por su ampliación a la anatomía de los animales y a la interna del cuerpo humano.

**OBRA MAESTRA EN 3 MINUTOS**

En los tratados de Francesco di Giorgio, el cuerpo humano se inscribe en el plano de una iglesia, con la cabeza ocupando la posición del ábside, los brazos la del transepto y el resto del cuerpo la de la nave principal. En otros casos, el cuerpo humano se inscribe en una columna con el rostro en un entablamento. En todos los casos, el objetivo es basar las proporciones entre los diferentes componentes de la arquitectura en el cuerpo humano.

**TEMAS RELACIONADOS**

*Véase* también
LA CUADRATURA DEL CÍRCULO
página 48

EL HOMBRE Y LOS ANIMALES
página 146

**MINIBIOGRAFÍAS**

MARCO VITRUVIO POLLIO
**h. 80-70–h. 15 a. C.**
Autor, arquitecto e ingeniero romano.

FRANCESCO DI GIORGIO MARTINI
**h. 1439–1502**
Arquitecto, ingeniero y artista sienés.

**TEXTO EN 30 SEGUNDOS**

Domenico Laurenza

***Leonardo fue uno de los pocos artistas-anatomistas del Renacimiento que otorgaron una base científica a la antropometría en la que se basan la arquitectura moderna, el diseño y la ergonomía.***

# EL ORIGEN DE LA VIDA

## la teoría en 30 segundos

En uno de sus primeros estudios, Leonardo representó una sección transversal de los cuerpos de un hombre y una mujer en el acto del coito, en el que se muestran sus sistemas reproductores. Junto a la representación escribió: «Revelo a la humanidad el origen o la primera causa de su vida, o quizá de la segunda». Más que una alusión a la teoría tradicional del doble origen del semen, como se ha sugerido tantas veces, se podría referir a que las dos causas de la vida serían el esperma y la acción dinámica del coito, representados en el dibujo. A pesar de algunos errores anatómicos, el dibujo es una representación impresionante del sexo como un acto dinámico y parte integral del proceso reproductor. En estudios iniciados más tarde en Milán y continuados en Roma, Leonardo investigó el crecimiento del feto en el útero de la mujer, basándose en disecciones tanto de personas como de otros animales. La embriología, el estudio del período de la vida en el que el feto crece y adquiere vida, llevó a los anatomistas a especular sobre el problema del alma. Leonardo no fue una excepción. Mientras estudiaba la relación entre la madre y el feto, consideró la posibilidad de que el feto tuviera su propia alma y vida, o que se encontrara bajo la tutela del alma de la madre. En aquel tiempo, plantear tales problemas filosóficos era peligroso.

**ESQUEMA EN 3 SEGUNDOS**
Los estudios anatómicos de Leonardo sobre el origen de la vida incluyen la relación entre el feto y el cuerpo de la madre, lo que pudo llevar a algunos a intentar mancillar su nombre.

**OBRA MAESTRA EN 3 MINUTOS**
Mientras Leonardo estaba en Roma (hacia 1513–1516), el papa León X emitió la bula *Apostolici regiminis*, por la cual la Iglesia establecía las reglas que debían seguir los filósofos naturales (lo que incluía a los anatomistas) al abordar la naturaleza y el origen del alma y su relación con el cuerpo. Una consecuencia de esta bula fue la condena y quema pública del *Tractatus de immortalitate animae*, de Pietro Pomponazzi.

**TEMA RELACIONADO**
*Véase* también
DISECCIÓN Y VISUALIZACIÓN
página 138

**MINIBIOGRAFÍAS**
PIETRO POMPONAZZI
1462–1525
Filósofo italiano.

GIOVANNI DE MEDICI
1475–1521
Hijo de Lorenzo el Magnífico que llegó a papa con el nombre de León X.

**TEXTO EN 30 SEGUNDOS**
Domenico Laurenza

***Leonardo fue el primer artista en representar un feto en el útero. Sus dibujos anatómicos eran sorprendentes por su precisión; si se hubieran hecho públicos, podrían haber revolucionado los conocimientos médicos de la época.***

# BIBLIOGRAFÍA

## LIBROS


*Geometry and the Visual Arts*
Daniel Pedoe
(Dover, 1976)

*Gli ingegneri del Rinascimento. Da Brunelleschi a Leonardo da Vinci*
Paolo Galluzzi
(Giunti, 1996)

*La porción áurea: la historia de phi, el número más enigmático del mundo*
Mario Livio
(Ariel, 2006)

*Las máquinas de Leonardo*
Domenico Laurenza, Mario Taddei y Eduardo Zanon
(Tikal, 2010)

*Le armi e le macchine da guerra: Il De re militari di Leonardo, disegni di Leonardo dal Codice Atlantico / Weapons and Machines of War: Leonardo's De re militari, Drawings by Leonardo from the Codex Atlanticus*
Matthew Landrus
(De Agostini, 2010)

*Leonardo da Vinci. Arte y ciencia del universo*
Alessandro Vezzosi
(Blume, 2011)

*Leonardo da Vinci: Anatomist*
Martin Clayton y Ronald Philo
(Royal Collection Publications, 2012)

*Leonardo da Vinci: Experience, Experiment and Design*
Martin Kemp
(Princeton University Press, 2006)

*Leonardo da Vinci: las maravillosas obras de la naturaleza y el hombre*
Martin Kemp
(Akal, 2011)

*Leonardo da Vinci y el secreto del Códice Atlántico*
Marco Navoni/Franco Buzzi
(Blume, 2012)

*Leonardo da Vinci's Giant Crossbow*
Matthew Landrus
(Springer, 2010)

*Leonardo: L'anatomia*
Domenico Laurenza
(Giunti, 2009)

*Leonardo on Flight*
Domenico Laurenza
(The Johns Hopkins University Press, 2007)

*Leonardo, the Inventor*
Ludwig Heydenreich, Bern Dibner y Ladislao Reti
(Hutchinson, 1981)

*The Mind of Leonardo: The Universal Genius at Work*
Paolo Galluzzi
(Giunti, 2006)

## ARTÍCULOS

Landrus, M., «The Proportions of Leonardo's Last Supper». *Raccolta Vinciana 32* (diciembre de 2007), páginas. 43–100

## PÁGINAS WEB

Archivo digital de la Universidad de Virginia
www.treatiseonpainting.org

Archivo digital de manuscritos del Renacimiento
www.bibliotecaleonardiana.it/bbl/home.shtml

BBC Science: Leonardo
www.bbc.co.uk/science/leonardo

Biblioteca municipal de las obras de Leonardo da Vinci
www.leonardodigitale.com

Las máquinas de Leonardo
www.channel4.com/programmes/leonardos-machines

Leonardo Bridge Project
www.leonardobridgeproject.org

Leonardo universal
www.universalleonardo.org

## COLABORADORES

**Francis Ames-Lewis** fue profesor de Historia del arte durante treinta y seis años en el Birbeck College, de la Universidad de Londres, donde alcanzó el rango de profesor Pevsner. Es autor de varios libros, entre los que se encuentra *Isabella and Leonardo: The Artistic Relationship between Isabella d'Este and Leonardo da Vinci* (2012), así como de numerosos documentos y artículos, entre ellos varios que tratan de los logros artísticos de Leonardo da Vinci.

**Juliana Barone** es profesora asociada en la School of History of Art, Film and Visual Media del Birkbeck College, de la Universidad de Londres, y ha presentado numerosas publicaciones sobre Leonardo y su *Tratado de la pintura*. Entre sus publicaciones se encuentran *Leonardo: Studies of Motion from the Codex Atlanticus* (2011), *I disegni di Leonardo da Vinci e della sua cerchia. Collezioni in Gran Bretagna. Edicione nazionale dei manoscritti e dei disegni* (con M. Kemp, 2010) y *Leonardo: the Codex Arundel* (2008).

**Paul Calter** es profesor emérito de Matemáticas en el Vermont Technical College y profesor invitado en el Dartmouth College. Se graduó en la escuela de ingeniería de The Cooper Union, Nueva York; cursó un máster en Ingeniería mecánica en la Universidad de Columbia y otro en escultura en el Vermont College of Fine Arts. Durante más de veinte años ha enseñado matemáticas y es autor de varios libros sobre este tema, entre los que se encuentran *Schaum's Outline of Technical Mathematics*, *Mathematics for Computer Technology* y *Technical Calculus*. Participa en el movimiento Mathematics Across the Curriculum y ha desarrollado e impartido un curso denominado Geometry in Art and Architecture en el Dartmouth College, del que derivó su libro *Squaring the Circle: Geometry in Art and Architecture*, todo bajo el patrocinio de la NSF (National Science Foundation). Es también pintor y escultor en activo, y sus obras contienen, con frecuencia, temas geométricos y astronómicos.

**Brian Clegg** (www.brianclegg.net) es licenciado en Ciencias naturales por Cambridge, ha trabajado en British Airways y tiene su propia consultoría de creatividad. Ha colaborado con numerosas revistas, desde *The Observer* hasta *Playboy*, y ha publicado 18 libros de divulgación científica; el último es *Dice World*.

**Matthew Landrus** es investigador en el Wolfson College y en la facultad de Historia de la Universidad de Oxford. Ha publicado diversos libros y artículos sobre Leonardo, entro los que se encuentran *Leonardo da Vinci's Giant Crossbow* (2010), *Le armi e le macchine da guerra: Il De re militari di Leonardo* (2010) y *Los tesoros de Leonardo da Vinci* (2006).

**Domenico Laurenza** es historiador y experto en la obra científica de Leonardo da Vinci, así como en la historia de la anatomía y la tecnología en el Renacimiento. En la actualidad dedica gran parte de su tiempo a la historia de la geología. Es consultor científico de bgC3 (Seatle-Kirckland) y del Museo Galileo (Florencia). Ha impartido clases en varias universidades de todo el mundo, la de Florencia y la McGill de Montreal entre ellas, y ha sido miembro de varias instituciones científicas, como el Warburg Institute de Londres, el Museum of Art de Nueva York y la Italian Academy de la Universidad de Columbia. Es autor de numerosos libros, entre ellos *Leonardo da Vinci: el vuelo* (2007), *Leonardo Machines: Da Vinci's Inventions Revealed* y, más recientemente, *Art and Anatomy in Renaissance Italy: Images from a Scientific Revolution* (2012).

**Marina Wallace** es profesora de Comisariado artístico y directora de Artakt, del Central Saint Martins College of Art and Design de la University of Arts de Londres. Se ha especializado en los clásicos, bellas artes, la historia del arte y periodismo. Fue comisaria de una serie de innovadoras exposiciones, entre las que destacan «Seduced Art and Sex from Antiquity to Now» (2007/2008) y «Spectacular Bodies. The Art and Science of the Human Body from Leonardo to Now» (2000/2001). Es asimismo autora de múltiples publicaciones, como *John Hilliard, 1969–1996* (1999), *Spectacular Bodies. The Art and Science of the Human Body from Leonardo to Now* (2000), *Head On, Art with the Brain in Mind* (2003), *Mendel, the Genius of Genetics* (2003), *Seduced, Art and Sex from Antiquity to Now* (2007), *Acts of Seeing* (2009), *La Cultura Italiana*, Volumen X (2010) y *The Lives of Paintings: Seven Masterpieces by Leonardo da Vinci* (2011).

# ÍNDICE

## AGRADECIMIENTOS


### CRÉDITOS DE LAS IMÁGENES

El editor desea dar las gracias a las siguientes personas y organizaciones por su amable autorización para reproducir las imágenes de este libro. Hemos realizado todos los esfuerzos posibles para incluir todas las imágenes en los agradecimientos; pedimos disculpas por cualquier omisión involuntaria.

Todas las imágenes de Dover Images www.doverpublications.com y Shutterstock, Inc. www.shutterstock.com, salvo lo indicado expresamente a continuación:

**AKG Images**/De Agostini Picture Library: 67, 91 superior, 99.

**Biblioteca Leonardiana**, Vinci, Italia (Leonardo da Vinci, *Traité de la peinture*, París, Langlois, 1651, pág. 67): 17.

**Corbis**/Archivi Alinari: 79 inferior derecha, 85, 87, 88, 129; Baldwin H. Ward & Kathryn C. Ward: 63 inferior; PoodlesRock: 131.

**Nevit Dilmen**: 63 superior izquierda.

**Timur Kulgarin**: 19 inferior.

**Erik Möller** (Exposición Leonardo da Vinci. Mench – Erfinder – Genie, Berlín 2005): 91 inferior

**Scala Archives**: 122; British Library board/Robana: 71; Cortesía del Ministero Beni e Att. Culturali: 148; Veneranda Biblioteca Ambrosiana/De Agostini Picture Library: 69, 113.

**Topfoto**/Print Collector: 47, 81.

**Luc Viatour**/www.Lucnix.be: 49.